Haftung autonomer Systeme

Eine dogmatische Untersuchung der
zivilrechtlichen Haftung
für Schäden durch autonome Systeme.

1. Auflage

Markus Fatalin

Haftung autonomer Systeme
1. Auflage
© 2016, Troisdorf
Markus Fatalin
ISBN 978-1539327363

Über den Autor

Markus Fatalin arbeitet seit über 30 Jahren in der IT-Industrie. Nach einer beinah 13 jährigen Tätigkeit als Software-Entwickler, leitete er über 15 Jahre den Vertrieb internationaler Software-Hersteller und Distributoren. Seit 2016 ist er als Wirtschaftsjurist im Bereich Service Contracts & Compliance eines mittelständigen deutschen Systemhauses tätig.

Dieses Buch basiert auf der mit *sehr gut* bewerteten Bachelor-Thesis des Autors, mit der dieser im April 2016 sein wirtschaftsjuristisches Studium erfolgreich abschloss.

Die juristisch-informationstechnische Erfahrungskombination des Verfassers erlaubt ihm einen unmittelbaren Zugang zu den grundsätzlichen Fragestellungen die sich in Bezug auf die zivilrechtliche Haftung autonomer Systeme ergeben.

Inhaltsverzeichnis

Über den Autor

Abkürzungsverzeichnis IV

Einleitung 1

A. Haftung 5

    I. Der Ursprung der Haftung - de lege abrogata 5
        1. Keilschriftenrecht: Mesopotamien 6
        2. Römisches Recht 8

    II. Zivilrechtliche Haftungsdogmatik in Deutschland-de lege lata 9
        1. Prinzipien der gesetzlichen Haftung 10
        2. Schuld, Haftung und Schaden 12
            a) Schuld 13
            b) Haftung 14
            c) Schaden 16
            d) Korrelation zwischen Schuld, Haftung und Schaden 16
            e) Semikorrelation von Schuld, Haftung und Schaden 17
        3. Vertragliche Haftung 18
        4. Gesetzliche Haftung 18
            a) Verschuldenshaftung 18
                aa) Haftung für eigenes Verschulden 24
                bb) Haftung für vermutetes Verschulden 27
            b) Gefährdungshaftung 29
        5. Mitverschulden des Geschädigten 35

    III. Zwischenergebnis 36

- B. Autonome Systeme und ihre Stellung im Recht–de lege lata 38

  - I. Kontrollierte, überwachte und automatische Systeme 38

  - II. Autonome Systeme 39
    - 1. Aktueller Stand der Technik autonomer Systeme 43
      - a) Autonome Land- und Schienenfahrzeuge 44
      - b) Autonome Multifunktions-Roboter 46
      - c) Autonome Software Agenten 47
      - d) Interaktionsketten in Multiagentensystemen 49
    - 2. Gesetzliche Haftung von autonomen Systemen 51

  - III. Gesetzliche Haftung für autonome Systeme 53
    - 1. Verschuldungshaftung 55
      - a) Vorsatz 55
      - b) Fahrlässigkeit 55
    - 2. Gefährdungshaftung nach dem Produkthaftungsgesetz 58
      - a) Produkt (§ 2 ProdHaftG) 58
      - b) Fehler (§ 3 Abs. 1 ProdHaftG) 59
      - c) Haftungsausschluss (§ 1 Abs. 2 ProdHaftG) 62
        - aa) Probabilistische Entscheidungsfindung als haftungsausschließender Entwicklungsfehler i.S.d. § 1 Abs. 2 Nr. 5 ProdHaftG 64
          - (1) Argumentationsalternative 1 (pro Entwicklungsfehler) 66
          - (2) Argumentationsalternative 2 (pro Konstruktionsfehler) 68
          - (3) Bewertung der Argumentationsalternativen 71
        - bb) Haftungsausschluss in Interaktionsketten 73
          - (1) Haftungsausschluss für Teilprodukte in öffentlichen Interaktionsketten 73

(2) Haftungsausschluss für Teilprodukte in
privaten Interaktionsketten 77
(3) Haftungsausschluss für Interaktionsketten gemäß
§ 1 Abs. 2 Nr. 5 ProdHaftG 77
(4) Haftung für Emergenz in Interaktionsketten 78
cc) Haftungsausschluss für fehlerauslösendes
selbstständiges Lernen im Rahmen ordnungsgemäßer
Verwendung autonomer Systeme 80

IV. Zwischenergebnis 87

C. Alternative Haftungsansätze – de lege ferenda 91

I. Autonome Systeme als Verrichtungsgehilfen 91

II. Autonome Systeme als künstliche Personen 94

III. Autonome Systeme analog der Tierhalterhaftung 96

IV. Bewertung der alternativen Haftungsansätze 99

Fazit 104

Abbildungsverzeichnis
Anlagenverzeichnis und Anlagen
Literaturverzeichnis

Dieses Werk einschließlich aller seiner Teile ist urheberrechtlich geschützt. Jede Verwertung außerhalb der engen Grenzen des Urheberrechtsgesetz ist ohne Zustimmung des Autors unzulässig und strafbar. Das gilt insbesondere für Vervielfältigungen, Übersetzungen, Mikroverfilmung und die Einspeicherung und Verarbeitung in elektronischen Systemen. Die Verwendung des Werkes im Rahmen wissenschaftlicher Arbeiten ist bei ordnungsgemäßer Nennung des Autors statthaft.

Abkürzungsverzeichnis

In dieser Arbeit verwendet der Autor die folgenden Abkürzungen:

Abkürzung	Vollständiger Ausdruck
aaO	am angegebenen Ort
Abs.	Absatz
ABS	Anti-Blockier-System. Automatisches bzw. autonomes System zum Verhindern, dass Fahrzeug-Räder beim Bremsen blockieren.
AEUV	Vertrag über die Arbeitsweise der Europäischen Union
AG	Aktiengesellschaft
AJP/PJA	Zeitschrift „Aktuelle Juristische Praxis"
AktG	Aktiengesetz
AMG	Arzneimittelgesetz
Art.	Artikel
ASP	Active Server Pages.
Az.	Aktenzeichen
B2B	Business to Business, bezeichnet Geschäfte zwischen Unternehmen (i.S.d. § 14 BGB).
B2C	Business to Consumer, bezeichnet Geschäfte zwischen Unternehmen (i.S.d. § 14 BGB) und Verbrauchern (i.S.d. § 13 BGB).
BGB	Bürgerliches Gesetzbuch
BGH	Bundesgerichtshof
BGHZ	Entscheidungen des Bundesgerichtshofs in Zivilsachen
BDI	Bundesverband der Deutschen Industrie e. V.
BjagdG	Bundesjagdgesetz
BOT	Software Programm (Agent) das ohne Interaktion mit einem Benutzer selbstständig Aufgaben durchführt (abgeleitet von Robot).
BSI	Bundesamt für Sicherheit in der Informationstechnik
BT-Drs.	Bundestagsdrucksache

bzw.	beziehungsweise
ca.	circa, lateinisch für ungefähr
CH	Codex Hammurapi
CR	Zeitschrift „Computer und Recht"
d. h.	das heißt
€	Euro (Währung)
EWG	Europäische Wirtschaftsgemeinschaft
et. al.	et alia, lateinisch für „unter anderem"
etc.	et cetera, lateinisch für „und so weiter"
EU	Europäische Union
e. V.	eingetragener Verein
f.	folgend
ff.	fortfolgend
FN	Fußnote
ggf.	gegebenenfalls
GmbHG	Gesetz betreffend die Gesellschaft mit beschränkter Haftung
GoA	Geschäftsführung ohne Auftrag
GPS	Global Positioning System. Satellitengestütztes System zur Positionsbestimmung für Navigationssysteme.
HaftPflG	Haftpflichtgesetz
HGB	Handelsgesetzbuch
HHLA	Hamburger Hafen und Lagerhaus AG
i.d.R.	in der Regel
i.S.d.	im Sinne des
ISO	International Organization for Standardization,

	Internationale Organisation zur Festlegung von Industriestandards
i.S.v.	im Sinne von
i.V.m.	in Verbindung mit
KG	Kommanditgesellschaft
LKW	Lastkraftwagen
LKWs	Plural von LKW
LLP	Limited Liability Partnership, Form einer Partnerschaftsgesellschaft nach britischem/amerikanischem Recht.
mm	Minuten (hier: Zeitangabe in einem Video).
NJW	Zeitschrift „Neue Juristische Wochenschrift"
NJW-RR	Zeitschrift „NJW-Rechtsprechungs-Report Zivilrecht"
No.	Number, englisch für Nummer
Nr.	Nummer
OHG	Offene Handelsgesellschaft
o. S.	ohne Seite
o. V.	ohne Verfasser
pp.	Pages, englisch für Seiten. Entspricht „ff.".
ProdHaftG	Produkthaftungsgesetz
QC	Queens Counsel. Durch die britische Königin verliehener (Berufs-) Titel für besonders erfahrene Rechtsanwälte in England, Wales sowie in einigen anderen Ländern des Commonwealth.
RN	Randnummer

S.	Seite
SGB X	10. Buch zum Sozialgesetzbuch
sog.	sogenannte
ss	Sekunden (in Zusammenhang mit einer Zeitangabe in einem Video).
StVG	Straßenverkehrsgesetz
u. a.	unter anderem
UmweltHG	Umwelthaftungsgesetz
u. ä.	und ähnliche
US	Verkürze Form von USA
USA	Vereinigte Staaten von Amerika
US$	US Dollar. Währung der USA.
u. U.	unter Umständen
v. Chr.	vor Christus
VersR	Zeitschrift „Zeitschrift für Versicherungsrecht, Haftungs- und Schadensrecht".
Vol.	Volume, englisch für Veröffentlichungsnummer bzw. Veröffentlichungsjahr einer Zeitschrift.
z. B.	zum Beispiel
ZiS	Zeitschrift „Zeitschrift für Internationale Strafrechtsdogmatik"
z. T.	zum Teil

Im Übrigen wird hinsichtlich der Abkürzungen auf das Werk von *Kirchner*, Abkürzungsverzeichnis der Rechtssprache, verwiesen.

Einleitung

"Während des langen Marsches der Menschheit von der Höhle zum Computer, hat die Idee des Rechts immer eine zentrale Rolle gespielt. Es ist die Vorstellung, dass für eine gerechte und stabile Existenz, Ordnung notwendig und Chaos schädlich ist."[1]

Malcom N. Shaw, QC[2]

Autonome Systeme sind bereits seit einigen Jahren ein wesentlicher Bestandteil der globalen technologischen Entwicklung. Als „ABS-Bremssystem" halten Sie Autos an, „Staubsaugroboter" putzen ihre Wohnung, Autopiloten halten Flugzeuge auf Kurs und „Kreditwürdigkeitsprüfungsalgorithmen" entscheiden über die Zustimmung oder Ablehnung von Kreditkartenanträgen. Nicht zu vergessen sind selbstfahrende Fahrzeuge, die zu den sichtbarsten autonomen Systemen der heutigen Zeit gehören.

So wie die disruptive Kraft der Computerindustrie und der industriellen Automatisierung die Wirtschaft in den vergangenen 50 Jahren grundlegend verändert haben, können autonome Systeme die Grundlage einer neuen Innovationswelle bilden, die die Wirtschafts- und Gesellschaftsordnung der kommenden Jahrzehnte maßgeblich prägen.

Die zunehmende Bedeutung autonomer Systeme in Wirtschaft und Gesellschaft wirft Fragen in Bezug auf ihre Haftung auf, die heute

---

[1] Shaw, S. 1 (eigene Übersetzung).
[2] Shaw, Malcolm N., QC, ist ein britischer Völkerrechtsexperte und »Sir Robert Jennings Professor of International Law« an der Universität von Leicester.

noch nicht im Fokus der juristischen Fachwelt stehen. Dabei lassen sich nach Ansicht des Verfasser, aus der Vielzahl möglicher Haftungsprobleme, vier zentrale Fragen der Haftung autonomer Systeme identifizieren:

- Haftung für die probabilistische Entscheidungsfindung in autonomen Systemen.
- Haftung in Interaktionsketten.
- Haftung bei Emergenz in Interaktionsketten.
- Haftung bei fehlerauslösendem Selbstlernen autonomer Systeme.

Sind die Fragen der Haftung autonomer Systeme mit den Mitteln des deutschen Zivilrechts beherrschbar? Ist das BGB noch in der Lage, mit Paragrafen, die zur Zeit der industriellen Revolution entstanden sind, die juristischen Fragestellungen zu beantworten, die sich aus den Risiken der Technologien des Cloud-Zeitalters im 21. Jahrhundert ergeben?

Mit dieser Arbeit betritt der Autor rechtliches Neuland und untersucht dabei, inwieweit das deutsche Zivilrecht[3], de lege lata, die vier zentralen Haftungsfragen, die sich mit dem Einsatz autonomer Systeme ergeben, beantworten kann. Dabei legt der Verfasser einen Schwerpunkt seiner Untersuchung auf die Betrachtung der zentralen

---

[3] *Diese Arbeit untersucht primär deutsches Recht. Ihre Umfangsbeschränkung erlaubt, über die Betrachtung der europarechtlichen Komponenten der Produkthaftung hinaus, keinen tieferen Einblick in europäisches Recht.*

Haftungsfragen auf Grundlage des Produkthaftungsgesetzes. Dieses 19 Paragrafen umfassende Gesetz enthält alle wesentlichen Regelungen, die für eine rechtsdogmatische Beurteilung der zentralen Haftungsfragen im Rahmen der Umfangsbeschränkung dieser Arbeit erforderlich sind. Darüber hinaus erlaubt die dogmatische Verbindung zwischen dem Produkthaftungsgesetz und der deliktischen Produkthaftung gemäß §§ 823 ff. BGB[4] die analoge Anwendung der Untersuchungsergebnisse auch außerhalb des ProdHaftG.

Autonome Systeme existieren bereits heute in einer Vielzahl unterschiedlichster Erscheinungsformen. Daher betrachtet der Autor die Frage der Haftung autonomer Systeme aus einer rechtsdogmatischen Sicht, die es ermöglicht, auftretende Haftungsfragen unabhängig von der jeweiligen Erscheinungsform dieser Systeme, zu beantworten. Hierfür ist es jedoch notwendig, zuerst ein grundsätzliches Verständnis der außervertraglichen Haftung zu entwickeln.

Im ersten Abschnitt dieses dreiteiligen Buchs erläutert der Autor daher die Dogmatik der Haftung im deutschen Zivilrecht und zeigt dabei auch die historischen Ursprünge der Haftung und des deutschen Zivilrechts auf.

Der zweite Teil dieser Arbeit führt zuerst in die technologischen

---

[4] *Auf die Verbindung von ProdHaftG und deliktischer Produkthaftung des Herstellers gemäß §§ 823 ff. BGB geht der Autor im späteren Verlauf dieser Arbeit noch ein.*

Aspekte autonomer Systeme ein und untersucht anschließend ihren zivilrechtlichen Haftungsmaßstab de lege lata.

An diese grundsätzliche Betrachtung schließt sich dann eine umfangreiche Analyse der vier zentralen Haftungsfragen in Bezug auf das Produkthaftungsgesetz an.

Aufbauend auf den in den ersten beiden Teilen herausgearbeiteten Positionen, stellt der Autor im dritten Teil dieser Abhandlung alternative Ansätze der Haftung für autonome Systeme vor, die aktuell Einzug in die juristischen Literatur und Diskussion erhalten.

Ihre Conclusio findet diese Ausarbeitung mit einer abschließenden Würdigung zur „Haftung autonomer Systeme" durch das Fazit des Autors.

Haftung autonomer Systeme

A. Haftung

Im ersten Teil dieser Arbeit erläutert der Autor die Grundlagen der außervertraglichen Haftung in Deutschland. Dabei geht er zuerst auf die historischen Ursprünge der Haftung ein und führt dann hin zu einem differenzierten Haftungsverständnis, das durch das BGB und die Rechtsprechung in Deutschland etabliert ist. Das hier dargelegte Haftungsverständnis bildet die Basis für die anschließende Untersuchung der Haftung autonomer Systeme.

I. Der Ursprung der Haftung - de lege abrogata

Haftung, die der Duden als: „Verantwortung für den Schaden eines anderen"[5] beschreibt, ist seit Jahrtausenden ein zentrales Element des Gerechtigkeitsempfindens des Menschen.[6] Wer einen Schaden verursacht, muss für diesen einstehen. Wann genau dieses Gerechtigkeitsempfinden entstand, konnte die Forschung bisher nicht ermitteln.[7]

Auch wenn diese Arbeit nicht den Raum für eine umfangreiche Betrachtung der rechtsgeschichtlichen Entwicklung bietet, sollen doch zwei Rechtsordnungen Erwähnung finden, die exemplarisch für die Evolution der Haftung durch die zunehmend komplexeren Gesellschaften sind.

---

[5] *Duden "Haftung".*
[6] *Johnson, S. 13f.; Duhaime, o. S.*
[7] *Johnson, S. 14.*

1. Keilschriftenrecht: Mesopotamien

Mit der Entwicklung formaler Gesetze erlebte das Konzept der Haftung erste Veränderungen, wie eine teilweise Abkehr vom bis dahin überwiegend geltenden Talionsprinzip[8], dem Prinzip gleiches mit gleichem zu vergelten. [9] Die ältesten überlieferten Gesetzestexte entstanden um 2050 v. Chr. in Mesopotamien.[10] Zwar gibt es Hinweise auf noch ältere Gesetze, diese sind jedoch nur noch bruchstückhaft oder als Verweise in anderen Quellen enthalten und können kein klares Bild von der Rechtsordnung ihrer Länder liefern.[11] Hierzu führt *Korošec* in *Spuler* aus: „Kein altorientalischer Gesetzgeber (hat) sein gesamtes Recht erschöpfend geregelt [...]. Er nahm in sein Gesetzbuch offenbar nur solche Bestimmungen auf, die Reformen enthielten oder zweifelhaft geworden waren [...]". Dieser Vorgehensweise folgten auch die griechischen und römischen Gesetzgeber.[12]

Der Gründer der dritten Dynastie von Ur, König Urnammu[13], gilt als Autor der ältesten überlieferten Gesetzessammlung,[14] dem Codex Urnammu[15] (z. T. auch als Ur-Nammu bezeichnet) [16]. Diese nur noch in Teilen erhaltene Gesetzessammlung enthält bereits erste

---

[8] *Korošec in Spuler, S. 69.*
[9] *Creifelds, S. 1135.*
[10] *Korošec in Spuler, S. 68; Johnson, S. 15; Morony in Holland/ Urban, S. 14.*
[11] *Korošec in Spuler, S. 68.*
[12] *Korošec in Spuler, S. 68.*
[13] *Urnammu, sumerischer König, Regierungszeit um 2050-2032 v. Chr. (Korošec in Spuler, S. 68).*
[14] *Korošec in Spuler, S. 50.*
[15] *Korošec in Spuler, S. 57, 68; anders: Kramer, S. 454, der dies Urnammu's Sohn Šulgi zuschreibt.*
[16] *Finkelstein, S. 66.*

Vorschriften, die sowohl in zivil-, als auch in strafrechtlicher Sicht vom Talionsprinzip abweichen. Bestimmte Körperverletzungen ahndete der Codex nun teilweise mit Geldbußen,[17] während er bestimmte Formen der Sachbeschädigung mit definierten Schadensersatzzahlungen belegte.[18]

Abbildung 1 - Fragmente des Codex Urnammu [19]

Die bisher gefundenen Teile des Codex Urnammu lassen keine abschließende Aussage zum Umfang der Haftung in dieser Zeit zu.

Konkrete Hinweise brachte erst der Codex Hammurapi, den der altbabylonische König Hammurapi[20] um 1760 v. Chr.[21] als Gesetz erließ und der das Haftungskonzept durch Neuerungen wie das Verschuldensprinzip und die gemeinschaftliche Haftung erweiterte.[22] Regelungen wie § 236 CH, aus der folgt, dass ein Seefahrer ein von

---

[17] *Finkelstein, S. 70, 15 (324-330).*
[18] *Finkelstein, S. 70, 28 (2-7).*
[19] *Finkelstein, S. 69.*
[20] *Hammurapi (in der Literatur teilweise auch als „Hammurabi"), babylonischer König, Regierungszeit wahrscheinlich um 1793-1750 v. Chr. (Strenge, S. 7).*
[21] *Duhaime, o. S.*
[22] *Verschuldensprinzip:King, §§ 236,237,245,267CH; gemeinschaftliche Haftung: King, §152CH.*

ihm entliehenes und dabei untergegangenes Boot nur ersetzen muss, wenn er den Untergang verschuldet hat[23], legten den Grundstein des Verschuldensprinzips und damit einer differenzierten Betrachtung der Haftung. Hammurapi kehrt jedoch z. B. in § 197 CH, entgegen dem früheren Codex Urnammu, wieder zum Talionsprinzip für bestimmte Körperverletzungen zurück. Die Bestimmungen des Codex Hammurapi regeln überwiegend spezifische Einzelfälle[24]; er enthält keine erkennbaren Generalklauseln.

2. Römisches Recht

Mit zunehmend komplexer werdenden Gesellschaften hat sich auch das Verständnis der Haftung konsequent erweitert. Im römischen Privatrecht erhielt dabei vor allem die Verschuldensfrage eine deutlich stärkere Bedeutung, als dies in früheren Rechtsordnungen der Fall gewesen ist. Während sie der Codex Hammurapi noch sehr begrenzt verwendet,[25] hatten römische Rechtsgelehrte eine sehr differenzierte Vorstellung des Verschuldensprinzips und der sich daraus ergebenden Haftung entwickelt.[26]

Neben dem Vorsatz (dolus) kannten sie auch drei Hauptmaßstäbe des Verschuldens (culpa)[27]: grobe Fahrlässigkeit (culpa lata), einfache Fahrlässigkeit (culpa levis) und das Außerachtlassen der Sorgfalt, die in eigenen Dingen angewendet wird (culpa diligentia quam in suis). Sie definieren noch heute im BGB den Maßstab

---

[23] *King, § 236 CH.*
[24] *Schäfer in Schmoeckel/Rückert/Zimmermann, §§ 812-822, S. 1582 RN 6.*
[25] *King, §§ 236, 237, 245, 267 CH.*
[26] *Jhehring, S. 53, Kunkel/Jöhrs, § 109, S. 177.*
[27] *Jhehring, S. 53.*

dessen, was der Schuldner „zu vertreten hat".[28]

Darüber hinaus entstanden auch neue Haftungstypen, wie z. B.: die Haftung für vermutetes Verschulden (actio de deiectis vel effusis)[29], die Haftung für entgangenen Gewinn (lucrum cessans)[30], sowie Formen von Gefährdungshaftung (actio de posito vel suspenso)[31] und der Haftung für die Verrichtungs-[32] und Erfüllungsgehilfen[33]. Viele dieser von den Juristen der Antike entwickelten Konzepte prägen auch heute noch die deutsche Rechtsordnung.[34]

II. Zivilrechtliche Haftungsdogmatik in Deutschland - de lege lata

Die Evolution der Haftung lässt sich von Mesopotamien und Ägypten im dritten vorchristlichen Jahrtausend, über Griechenland und Rom, bis zum Inkrafttreten des BGB im Jahre 1900 zurückverfolgen. Seit Einführung des BGB sind Gesetzgebung und Rechtsprechung konstant gefordert, das Haftungskonzept den Notwendigkeiten komplexer werdender gesellschaftlicher und technologischer Herausforderungen anzupassen.

Im Folgenden beschreibt der Verfasser die konzeptionellen

---

[28] *Vorsatz und Fahrlässigkeit in § 276 BGB, Sorgfalt in eigenen Angelegenheiten in § 277 BGB. Grobe Fahrlässigkeit folgt aus der Rechtsprechung als verschärfte Form der Fahrlässigkeit (Heinrichs in Palandt, § 277 BGB, RN 5: BGH 77, 276; NJW (07, 2988). Stadler verweist in Jauernig § 276 RN 33 auch auf § 45 II Nr. 3 SGB X, der grobe Fahrlässigkeit als „die Verletzung der Sorgfaltspflicht in einem besonders schweren Fall" definiert.*
[29] *Wittmann, § 5, S. 63.*
[30] *Below, S. 123.*
[31] *Sohm/Ledlie, S. 331.*
[32] *Honsell, § 51, S. 145.*
[33] *Honsell, § 51, S. 146.*
[34] *Kunkel/Jöhrs, § 31, S. 52.*

Grundlagen der gesetzlichen Haftung, wie sie sich heute, durch das BGB und die Rechtsprechung in Deutschland etabliert hat. Dabei sind solche Haftungsaspekte, die keinen unmittelbaren Bezug zum Thema dieser Arbeit haben, nicht Gegenstand der Untersuchung.

1. Prinzipien der gesetzlichen Haftung

Das deutsche Haftungsrecht unterscheidet grundsätzlich zwischen zwei Prinzipien der gesetzlichen Haftung: dem Verschuldensprinzip und dem Gefährdungsprinzip.[35]

Das Verschuldensprinzip besteht aus den zwei Varianten „Haftung für eigenes Verschulden" und der „Haftung für vermutetes Verschulden".[36] Zusammen mit der Gefährdungshaftung bilden sie de lege lata die grundsätzlichen Arten gesetzlicher Haftung im deutschen Recht.

Das Verschuldensprinzip beruht auf dem deliktsrechtlichen Gedanken des Einstehenmüssens für das Ergebnis einer unerlaubten Handlung,[37] unter Berücksichtigung des individuellen (subjektiven) Verschuldens. Das Verschuldensprinzip ist das „ethische Rückgrat unseres Schadensrechts"[38] und ist die reguläre Form der gesetzlichen Haftung[39].

Das Deliktsrecht hat zwei grundsätzliche Funktionen, die

---

[35] *Esser, S. 129; Jansen, S. 41.*
[36] *Schellhammer, S. 526, RN 923.*
[37] *Koch, S. 3; Jansen, S. 41.*
[38] *Esser, S. 129.*
[39] *Jansen, S. 18.*

„Ausgleichsfunktion" und die „Präventionsfunktion".[40] Durch die Ausgleichsfunktion soll der Gläubiger einen Ausgleich für Schäden erhalten, die ihm der Schuldner zufügt. Die Präventionsfunktion hingegen soll den Schuldner zu sorgfältigem Verhalten anhalten, da er sonst die Schadenskosten trägt[41].

Demgegenüber steht das Prinzip der Gefährdungshaftung, dessen Überlegung darin liegt, dass derjenige, der zu seinem eigenen Nutzen rechtmäßig einen „gefährlichen" Betrieb eröffnet oder führt, für die Schäden einzustehen hat, die durch diese Gefahr typischerweise entstehen können, auch wenn er sie nicht verhindern kann oder ihn keine Pflichtverletzung trifft.[42] Die Gefährdungshaftung stellt zwar dogmatisch eine Ausnahme dar,[43] doch basiert sie strukturell auf den gleichen Gerechtigkeitserwägungen wie das Verschuldensprinzip.[44]

Das Gesetz gruppiert die verschiedenen Haftungsprinzipien nicht zusammenhängend. Ihre Vorschriften sind im gesamten BGB und seinen Nebengesetzen verstreut und gelegentlich im selben Paragrafen vereint. So zum Beispiel in § 833 BGB, der in Satz 1 eine Gefährdungshaftung definiert, während Satz 2 eine Haftung für vermutetes Verschulden vorsieht.

---

[40] *Deutsch, S. 48, 68, 71 f.; Gildeggen et. al., S. 296 Nr. 11.1.2; Looschelders, S. 425, RN 1167.*
[41] *Gildeggen et. al., S. 296 Nr. 11.1.2.*
[42] *Sprau in Palandt, vor § 823 BGB, RN 6; Jansen, S. 41; Wandt, § 21, S. 425.*
[43] *Jansen, S. 18.*
[44] *Jansen, S. 19.*

Auch wenn dogmatisch eine strikte Trennung zwischen Verschuldens- und Gefährdungshaftung besteht, meint der Verfasser, dass der Einwand von *Jansen* nicht zu ignorieren ist: „[…] Der Rechtswirklichkeit entspricht dies freilich nicht. Denn tatsächlich geht die Verschuldenshaftung nahtlos in die Gefährdungshaftung über […]. Dies gilt umso mehr, als einzelne Tatbestände, wie die Produkthaftung, sich nicht einmal eindeutig der Verschuldens- oder der Gefährdungshaftung zuordnen lassen. […]".[45]

Trotz ihrer Unterschiede, die im späteren Verlauf noch Gegenstand der Betrachtung sind, vereinen Haftung für eigenes Verschulden, Haftung für vermutetes Verschulden und Gefährdungshaftung, ein abstrakter Dreiklang aus Schuld, Haftung und Schaden.

2. Schuld, Haftung und Schaden

Schuld, Schaden und Haftung sind die drei wesentlichen Begriffe des Haftungsrechts. Obwohl es sich bei ihnen um zentrale Elemente des Schuldrechts handelt, enthält das BGB für sie keinerlei Legaldefinition.[46]

a) Schuld

Aus der Sicht des Verschuldensprinzips bedeutet der Begriff Schuld die Pflicht zur Erfüllung einer obligatorischen, gesetzlichen oder vertraglichen Leistungspflicht.[47] Ein Schuldner ist somit eine

---

[45] *Jansen, S. 14 f.; vergleichbar: Larenz/Canaris, S. 610; ähnlich: Roberto, RN 1328, für das Schweizer Recht.*
[46] *Wurmnest, S. 194; Achenbach, S. 1 Nr. II.*
[47] *Heinrichs in Palandt, Einleitung Buch 2, vor § 241 BGB, RN 10; Mansel in Jauernig, § 241 RN 2, 4, 18.*

Person, die einer Leistungspflicht unterliegt. Gesetzlich folgt dies aus § 241 Abs. 1 BGB, in dem es heißt: „Kraft des Schuldverhältnisses ist der Gläubiger berechtigt, von dem Schuldner eine Leistung zu fordern. Die Leistung kann auch in einem Unterlassen bestehen.". Da § 241 Abs. 1 BGB unspezifisch von „Schuldverhältnissen" spricht, sind hierunter gesetzliche und vertragliche Schuldverhältnisse zu verstehen.[48]

Die Definition der „Schuld" als vertragliche Leistungspflicht ist einfach nachvollziehbar, diese Definition trifft aber auch auf die gesetzlichen Schuldverhältnisse zu, denn in dem Moment, in dem ein gesetzliches Schuldverhältnis entsteht, erhält der Geschädigte einen Anspruch auf eine Leistung (z. B. Schadensersatz) des Schuldners.

Demzufolge ist die „Schuld" in der gesetzlichen Verschuldenshaftung abstrakt als die Pflicht des Schuldners „keine Rechtsgutsverletzung zu verschulden" zu verstehen, während die „Schuld" in der Gefährdungshaftung abstrakt darin besteht, dass der Schuldner „die Gefahr, die rechtmäßig besteht, nicht verwirklichen lässt".[49]

Der im BGB nicht legal definierte Begriff des „Verschuldens"[50] lässt sich nach der Systematik des Gesetzes als „das auf Vorsatz oder

---

[48] *Heinrichs in Palandt, Einleitung Buch 2, vor § 241 BGB, RN 3; Mansel in Jauernig, vor § 241 RN 2, 4.*
[49] *Jhering, S. 40; Koch, S. 106, der „Verschulden" auf „haftpflichtbegründenden Zurechenbarkeit" erweitert.*
[50] *Heinrichs in Palandt, § 276 BGB, RN 5.*

Fahrlässigkeit beruhende Verhalten eines Schuldners",[51] welches einen Schaden ausgelöst hat, verstehen. Der Haftungsmaßstab des Verschuldens findet nur im Verschuldensprinzip Anwendung, da das Gefährdungshaftungsprinzip „verschuldensunabhängig" ist.

b) Haftung

Das Bürgerliche Gesetzbuch enthält keine eindeutige Definition des Begriffs der zivilrechtlichen „Haftung". Zwar ist er in 128 verschiedenen BGB-Paragrafen aufgeführt,[52] doch hat der Autor keine einheitliche Aussage gefunden.[53] Trotz dieser uneinheitlichen gesetzlichen Anwendung, hat sich in der juristischen Fachliteratur[54] eine Bedeutung etabliert, die *Heinrichs* in Palandt als „Haftung bedeutet das Unterworfensein des Schuldnervermögens unter den Vollstreckungszugriff des Gläubigers."[55] definiert.[56]

Neben dieser etablierten Bedeutung führt die juristischen Fachliteratur auch zusätzliche Bedeutungen des Begriffs Haftung auf, wie z. B. eine Gleichstellung mit einem Schulden oder Leisten müssen,[57] das Einstehenmüssen für Schäden,[58] das

---

[51] *Stadler in Jauernig, § 276, RN 10.*
[52] *Übersicht in Anlage 1.*
[53] *Achenbach, S. 1 Nr. II; Brox/Walker §2, S. 15, RN 19.*
[54] *Heinrichs in Palandt, Einleitung Buch 2, vor § 241 BGB, RN 10; Achenbach, aaO; Medicus/Lorenz, § 3 RN 19; Mansel in Jauernig, § 241 RN 18, Brox/Walker, § 2 RN 19; Fikentscher/Heinemann, § 6 RN 30; Schulze et. al., vor § 241-853, RN 24, Bamberger/Roth, § 241, RN 16.*
[55] *Heinrichs in Palandt, Einleitung Buch 2, vor § 241 BGB, RN 10.*
[56] *Sowohl bei vertraglicher, als auch gesetzlich Haftung (Heinrichs in Palandt, vor § 241 BGB, RN 11).*
[57] *Brox/Walker, § 2 RN 19; Fikentscher/Heinemann, § 6 RN 30; Bamberger/Roth, § 241, RN 17.*
[58] *Achenbach, aaO; Brox/Walker, § 2 RN 19; Larenz, § 2 IV, S. 22; Bamberger/Roth, § 241, RN 17.*

Einstehenmüssen für die Folgen eigener oder fremder Handlungen[59] oder auch allgemein für eine Verpflichtung.[60] *Medicus/Lorenz* weisen, mit Bezug auf §§ 276, 277 BGB auch auf das „Vertreten müssen" als eine der Bedeutungen des Haftungsbegriffs hin.[61]

Abgrenzung Anspruch zu Haftung
Ein korrektes Verständnis der Haftung erfordert eine Abgrenzung des im BGB nicht definierten Haftungsbegriffs zu dem in § 194 BGB legal definierten Begriff des Anspruchs.

- Ein Anspruch ist das Recht des Gläubigers, von einem anderen (Schuldner) ein Tun oder Unterlassen zu verlangen.[62]

- Die Haftung ist die Pflicht des Schuldners, den Anspruch eines anderen (des Gläubigers) zu erfüllen oder die Konsequenzen aus einem Unterlassen zu tragen.[63]

Anspruch und Haftung sind komplementär zu einander. Ansprüche entstehen aus der Sicht des Gläubigers, während Haftung die Verpflichtung aus der Schuldnersicht darstellt.

c) Schaden
Das Begriffsverständnis, dem die Verfasser des BGB in Bezug auf den „Schaden" im Wesentlichen gefolgt sind, ist die „Lehre vom

---
[59] *Achenbach, aaO; Larenz, § 2 IV, S. 22.*
[60] *Achenbach, aaO; Prütting/Wegen/Weinreich, § 241, RN 25.*
[61] *Medicus/Lorenz, § 3 RN 19.*
[62] *Creifelds, S. 61; Jauernig, § 194, RN 2; Heinrichs in Palandt, § 194 BGB, RN 1.*
[63] *Creifelds, S. 580.*

Interesse",[64] die auch als Differenzhypothese bekannt ist.[65] Danach ist ein Schaden: „die Differenz zwischen dem Betrage des Vermögens einer Person, wie derselbe in einem gegebenen Zeitpunkt ist, und dem Betrag, den dieses Vermögen ohne die Dazwischenkunft eines schädigenden Ereignisses haben würde"[66]. Art und Umfang des Schadensersatz regelt § 249 BGB.

Demgegenüber folgt das Strafrecht der „Lehre vom natürlichen oder realen Schaden",[67] die als Schaden „jede Einbuße, die jemand an seinen Lebensgütern wie Gesundheit, Ehre oder Vermögen erleidet"[68] versteht.

d) Korrelation zwischen Schuld, Haftung und Schaden

Schuld, Haftung und Schaden sind unmittelbar miteinander verbundene Elemente des Schuldrechts. Der Schuldner haftet dem Gläubiger gegenüber für die Erfüllung seiner Schuld (= des Anspruchs des Gläubigers). Erfüllt er diese Verpflichtung nicht, entsteht dem Gläubiger dadurch (zumindest abstrakt) ein Schaden, für den der Schuldner einstehen muss.

Verschuldens- und Gefährdungshaftung unterscheiden sich in diesem Sinne nicht in der grundsätzlichen Korrelation zwischen Schuld, Haftung und Schaden.

---

[64] *Teichmann in Jauernig, vor § 249-253, RN 5.*
[65] *Heinrichs in Palandt, vor § 249 BGB, RN 4, 5, 8, 9.*
[66] *Teichmann in Jauernig, vor § 249-253, RN 5.*
[67] *Teichmann in Jauernig, vor § 249-253, RN 4.*
[68] *Teichmann in Jauernig, vor § 249-253, RN 4.*

e) Semikorrelation von Schuld, Haftung und Schaden

Die deutsche Rechtsordnung kennt jedoch auch Fälle, die die Korrelation zwischen Schuld, Haftung und Schaden aufheben, wodurch der Schuldner z. B. trotz Pflichtverletzung und Schaden nicht haftet. Im Rahmen der rechtsgeschäftlichen Schuldverhältnisse wird die Korrelation auch z. B. dadurch aufgehoben, dass ein Schuldner ohne eigene Pflichtverletzung für die Schäden haftet, die sein Erfüllungsgehilfe (i.S.d. § 278 BGB) verschuldet hat.

Keine Einstandspflicht trotz Pflichtverletzung und Schaden

Die Situation, dass der Schuldner trotz Pflichtverletzung für einen Schaden nicht haftet liegt dann vor, wenn der Gläubiger die Erfüllung nicht erzwingen kann.[69] Ein Beispiel ist die Verjährung von gesetzlichen oder rechtsgeschäftlichen Ansprüchen gemäß §§ 194 ff. i.V.m. 214 ff. BGB. Ist der Anspruch des Gläubigers verjährt, ist er zwar grundsätzlich einklagbar, der Schuldner kann ihm aber die Einrede der Verjährung entgegenhalten, wodurch die Klage abzuweisen ist.[70] Es zeigt sich somit, dass das Prinzip der Haftung kein vollständig stringentes Prinzip ist, da das BGB Regelungen enthält, die die Korrelation von Schuld, Haftung und Schaden entfallen lassen.

3. Vertragliche Haftung

Der Autor betrachtet in dieser Arbeit ausschließlich Aspekte der gesetzlichen Haftung. Der Vollständigkeit halber weist er darauf hin,

---

[69] *Brox/Walker*, § 2 RN 24.
[70] *Brox/Walker*, § 2 RN 25.

dass auch die Haftung für vertragliche Pflichtverletzungen dem Verschuldensprinzip angehört, denn die Grundnorm des vertraglichen Schadensersatzes, §280 Abs. 1 BGB, sieht eine Haftung für vermutetes Verschulden[71] vor.

4. Gesetzliche Haftung

Nachfolgend stellt der Verfasser das System der gesetzlichen Haftung anhand der Verschuldungs- und Gefährdungshaftung vor.

a) Verschuldenshaftung

Wie der Seefahrer, der zu Zeiten des Codex Hammurapi ein von ihm entliehenes und dabei untergegangenes Boot nur dann ersetzen musste, wenn er den Untergang verschuldet hatte,[72] so gilt auch in der heutigen Verschuldenshaftung, dass ein Schuldner einen Schaden nur dann ersetzen muss, wenn er objektiv pflichtwidrig handelte und dabei subjektiv durch Vorsatz oder Fahrlässigkeit einen Dritten geschädigt hat.[73] Mit diesem Prinzip regelt der Gesetzgeber den grundsätzlichen Konflikt zwischen „dem Schutzinteresse des Geschädigten und der Handlungsfreiheit des Schädigers".[74]

Das Verschuldensprinzip beruht auf dem deliktsrechtlichen Gedanken des Einstehenmüssen für das Ergebnis einer unerlaubten Handlung.[75] *Gildeggen* et. al. sehen im Deliktsrecht sogar die einzige

---

[71] *Bruns, S. 380; Klunzinger, S. 383; Schellhammer, S. 526, RN 923.*
[72] *King, §§ 236 CH.*
[73] *Heinrichs in Palandt, vor § 276 BGB, RN 5.*
[74] *Looschelders, S. 427, RN 1168.*
[75] *Koch, S. 3; Jansen, S. 41.*

Form gesetzlicher Verschuldenshaftung[76].

Die Verschuldenshaftung besteht aus den Haftungsarten „Haftung für eigenes Verschulden" und „Haftung für vermutetes Verschulden".[77] Sie stellen zwar dogmatisch eigene Haftungsformen dar, unterscheiden sich strukturell aber nur in der Frage der Beweislast für das Vertreten müssen der jeweiligen Pflichtverletzung, die in Fällen vermuteten Verschuldens zugunsten des Gläubigers umgekehrt ist.[78]

Die Verschuldenshaftung ruht primär auf den vier Säulen Pflichtverletzung, Kausalität, Verschulden und Schaden. Nur derjenige, der objektiv pflichtwidrig handelt (oder unterlässt) und dadurch kausal den Schaden eines Dritten vorsätzlich oder fahrlässig verursacht, muss dem Dritten den Schaden ersetzen.
In der nachfolgenden Betrachtung der Verschuldenshaftung sind Fragen wie z. B. der Schuldfähigkeit, Minderjährigkeit oder Notwehr nicht Gegenstand der Untersuchung.

Pflichtverletzung
Die Verschuldenshaftung setzt eine rechtswidrige Pflichtverletzung seitens des Schuldners voraus.[79] Als Solche kommen vor allem Rechtsgutsverletzungen aus unerlaubter Handlung (§§ 823 ff. BGB)

---

[76] *Gildeggen et. al., S. 295, Nr. 11.1.*
[77] *Bei der vertraglichen Haftung beinhaltet die „Haftung für eigenes Verschulden" zusätzlich auch die „vom Schuldner zu vertretende Haftung" i.S.d. § 278 BGB.*
[78] *Looschelders, S. 490 RN 1320; Teichmann in Jauernig, § 831, RN 1; Roberto, RN 1323.*
[79] *Sprau in Palandt, Einführung vor § 823 BGB, RN 2.*

oder unberechtigter GoA (§§ 678, 823 BGB) in Betracht.[80]

Kausalität

Der Schuldner ist nur dann zum Schadensersatz verpflichtet, wenn ihm der Schaden des Gläubigers zugerechnet werden kann, d. h. wenn zwischen seiner Handlung und der Pflichtverletzung („haftungsbegründende Kausalität") sowie dieser Pflichtverletzung und dem tatsächlichen Schaden des Gläubigers („haftungsausfüllende Kausalität") ein adäquater Ursachenzusammenhang besteht[81]. Zur Beurteilung ob eine solche „haftungsauslösende Kausalität"[82] gegeben ist, finden u. a. die Äquivalenz- und die Adäquanztheorie Anwendung.

- Äquivalenztheorie

    Die Äquivalenztheorie ist eine einstufige Theorie, d. h. sie wird nur durch ein einziges Theorem gebildet. Danach ist ein Handeln (oder ein Unterlassen) kausal, wenn es nicht hinweggedacht werden kann, ohne dass der Erfolg entfällt (*conditio sine qua non*).[83]

    Kausalketten sind mitunter sehr lang und können durch das zufällige Zusammentreffen unglücklicher Umstände fortgeführt

---

[80] *Bei vertraglicher Haftung auch die zuzurechnende Pflichtverletzung des Erfüllungsgehilfen (§ 278 BGB).*
[81] *Sprau in Palandt, Einführung vor § 823 BGB, RN 2a.*
[82] *Der Autor fasst für diese Arbeit beide Kausalitäten zur „haftungsauslösenden Kausalität" zusammen, da eine Unterscheidung der verschiedenen Kausalitäten für die weitere Untersuchung nicht notwendig ist.*
[83] *Fikentscher/Heinemann, S. 311, RN 622; Teichmann in Jauernig, § 823, RN 22.*

werden.[84] Auch aus Sozialstaatsgedanken[85] mag es in diesen Fällen unverhältnismäßig erscheinen, dem Schädiger derartige (unvorhersehbare) Folgerisiken aufzuerlegen.[86]

Darüber hinaus bedarf die *conditio sine qua non* in Fällen von alternativer oder doppelter Kausalität eines Korrektivs. Für diesen korrigierenden Eingriff findet in der Rechtsprechung die Adäquanztheorie Anwendung.[87]

- Adäquanztheorie
Die Adäquanztheorie baut auf der Äquivalenztheorie auf und erweitert sie um ein weiteres Theorem das besagt, dass ein Tun (oder Unterlassen) dann nicht kausal ist, wenn der Schadenseintritt nach der normalen Lebensanschauung eines objektiven und informierten Dritten völlig außerhalb der Erfahrung und Erwartung liegen[88].

Bei der Beurteilung der Adäquanz kommt es nicht darauf an, ob der Schuldner während der Handlung subjektiv vorausschauend gehandelt hat, sondern es zählt die objektive nachträgliche Prognose von Handlungsverlauf und -ergebnis.[89]

Die Adäquanztheorie ist nicht unumstritten. *Teichmann* führt in

---
[84] *Teichmann in Jauernig, vor §§ 249-253, RN 27; Heinrichs in Palandt, vor § 249 BGB, RN 57-59.*
[85] *Deutsch, S. 69.*
[86] *Teichmann in Jauernig, vor §§ 249-253, RN 27.*
[87] *Heinrichs in Palandt, vor § 249 BGB, RN 57-59.*
[88] *Fikentscher/Heinemann, S. 312, RN 627.*
[89] *Heinrichs in Palandt, vor § 249 BGB, RN 60.*

Jauernig dazu aus, „Die Kritik an der Adäquanztheorie wird grundsätzlich und praktisch geführt. […] sie verschiebe die Zurechenbarkeit auf das rein quantitative Merkmal der statistischen Häufigkeit bestimmter Folgeschäden […]"[90].

Der Autor teilt diese Kritik nicht, da er die Adäquanztheorie als konsequente Weiterentwicklung des Kausalitätsgedanken ansieht.

Verschulden
Der dem Verschuldensprinzip namensgebende Tatbestand des „Verschuldens" des Schuldners leitet sich maßgeblich aus § 276 BGB ab, der bestimmt: „Der Schuldner hat Vorsatz und Fahrlässigkeit zu vertreten […]".[91]

Neben der objektiven Rechtswidrigkeit eines Handelns (oder Unterlassens) zählt für die Verschuldensfrage vor allem seine subjektive Vorwerfbarkeit. Handelt der Schuldner weder vorsätzlich noch fahrlässig, hat er den Schaden nicht zu vertreten und ist daher auch nicht schadensersatzpflichtig.

Durch diese Vorschrift und ihre richterliche Auslegung sollen die im Verkehr handelnden Menschen dahingehend geschützt werden, dass sie, solange sie sich so verhalten, wie es die in ihrem Verkehrskreis

---

[90] *Teichmann in Jauernig, vor §§ 249-253, RN 29.*
[91] *Die Verschuldenshaftung des § 823 BGB bezieht sich zwar nicht auf § 276 BGB, Fahrlässigkeit und Verschulden sind in § 823 BGB direkt aufgeführt, sie verwendet jedoch dieselben Maßstäbe für die Beurteilung des Verschuldens, die auch für § 276 BGB anzuwenden sind (Sprau in Palandt, § 823 BGB, RN 40-43).*

erforderliche Sorgfalt gebietet, für dieses Verhalten keiner Schadensersatzgefahr ausgesetzt sind.[92] Derjenige jedoch, der einen Schaden vorsätzlich, d. h. mit „Wissen und Wollen" oder fahrlässig, d. h. unter Missachtung der notwendigen Verkehrspflichten herbeiführt, hat den Schaden „zu vertreten" und damit „verschuldet".

Nur wenn alle vier Aspekte, Pflichtverletzung, Kausalität, Verschulden und Schaden[93] zusammentreffen, wird ein Schuldner Schadensersatzpflichtig. Die Frage des Mitverschuldens des Gläubigers i.S.d. § 254 BGB wird im weiteren Verlauf dieser Arbeit behandelt.

aa) Haftung für eigenes Verschulden

Die Haftung für eigenes Verschulden basiert auf „dem durch die Aufklärung geprägten Gedanken, der Einzelne dürfe nur dann mit Ersatzpflichten belastet werden, wenn er den Schaden als selbstverantwortlich handelndes Subjekt vorhersehen und vermeiden konnte"[94]. Es geht zentral um die Frage, ob der Schuldner durch sein Verhalten in adäquat-kausaler und objektiv zurechenbarer Weise, vorsätzlich oder fahrlässig eine Pflichtverletzung begangenen hat, die zu einen Schaden führte.

---

[92] *Deutsch, S. 27.*
[93] *Die Schadensersatzpflicht des Schuldners setzt zwingend einen Schaden des Gläubigers voraus.*
[94] *Looschelders, S. 426, RN 1168.*

Das BGB enthält keine deliktsrechtliche Generalklausel. § 823 Abs. 1 BGB ist zwar die zentrale deliktsrechtliche Norm,[95] stellt aber keine Generalklausel im eigentlichen Sinne dar[96]. Vielmehr orientiert sie sich am Enumerationsprinzip[97] und listet bestimmte, absolute Rechtsgüter aller Personen auf, die der Gesetzgeber unter besonderen Schutz stellt[98]. Daneben bestimmen §§ 823 Abs. 2, 826 BGB die weiteren grundsätzlichen Regelungen der Haftung für eigenes Verschulden[99].

Die §§ 823, 826 BGB unterscheiden drei Typen von Pflichtverletzungen, die im Falle von Verschulden, Kausalität und Schaden einen Ersatzanspruch auslösen:

- Unmittelbare (Pflicht-) Verletzung
  Eine unmittelbare Verletzung liegt vor, wenn der Schuldner (aktiv) durch rechtswidriges und schuldhaftes Handeln gegen eine Regelung der §§ 823, 826 BGB verstößt[100].

- Mittelbare (Pflicht-) Verletzung
  Ist neben der Verletzungshandlung auch die Verletzung einer Verkehrspflicht erforderlich, um eine Haftung auszulösen, spricht man von mittelbaren Verletzungen.[101]

---

[95] *Gildeggen et. al., S. 296, Nr. 11.1; Looschelders, S. 429, RN 1173.*
[96] *Wandt, S. 269, RN 1.*
[97] *Wandt, S. 269, RN 2.*
[98] *Looschelders, S. 428, RN 1173.*
[99] *Looschelders, S. 428, RN 1173.*
[100] *Looschelders, S. 430, RN 1173, 1175.*
[101] *Looschelders, S. 430, RN 1176.*

Die Abgrenzung der Verkehrspflichten zu den in § 276 Abs. 2 BGB aufgeführten Sorgfaltspflichten ist umstritten.[102] Während eine Meinung Verkehrspflichten praktisch identisch zur Fahrlässigkeit sieht[103], vertritt der Autor die von der Mehrheit[104] geteilte Auffassung, wonach es sich bei Verkehrspflichten um eine Konkretisierung der objektiven Abgrenzung der Verantwortungsbereiche handelt, die grundsätzlich nach strengeren Maßstäben erfolgen muss, als die Beurteilung subjektiver Fahrlässigkeit.[105]

- (Pflicht-) Verletzung durch Unterlassung
  Verletzung durch Unterlassung liegt vor, wenn der Schuldner eine gesetzliche Pflicht zum Handeln hatte, dies aber unterließ.[106]

Auch wenn § 823 Abs. 1 BGB keine echte Generalklausel darstellt, ist er doch zusammen mit den §§ 823 Abs. 2, 826 BGB als sogenannte kleine Generalklauseln der gesetzlichen Haftung für eigenes Verschulden bekannt.[107]

- Haftung gemäß § 823 Abs. 1 BGB
  Eine Haftung gemäß § 823 Abs. 1 BGB setzt voraus, dass der Schuldner vorsätzlich oder fahrlässig eines der im Gesetz benannten absoluten Rechtsgüter des Geschädigten verletzt hat

---

[102] *Looschelders, S. 434, RN 1184.*
[103] *Looschelders, aaO.*
[104] *Looschelders, aaO.*
[105] *BGH NJW-RR 2003, 1459 (1460); Looschelders, S. 434, RN 1184.*
[106] *Looschelders, S. 430, RN 1175.*
[107] *Wandt, S. 269, RN 2; Looschelders, S. 428, RN 1172.*

und dadurch (kausal) dem Gläubiger ein Schaden entstanden ist.[108] Dabei sind die einzelnen Tatbestandsmerkmale durch einen hohen Abstraktionsgrad geprägt, wodurch sich dem Richter umfangreiche Auslegungsmöglichkeiten bieten[109].

- Haftung gemäß § 823 Abs. 2 BGB
  Verstößt der Schuldner vorsätzlich oder fahrlässig gegen ein besonderes, zum Schutz des Geschädigten (Gläubigers) bestehendes Gesetz oder gegen eine sonstige Rechtsnorm[110], muss er dem Geschädigten den daraus resultieren Schaden ersetzen.

- Haftung gemäß § 826 BGB
  Fügt der Schuldner auf sittenwidrige Weise dem Geschädigten (Gläubiger) vorsätzlich einen Schaden zu, muss er für diesen Schaden einstehen. Die Haftung für sittenwidrige Schädigungen unterscheidet sich insofern von der Systematik des § 823 BGB, als sie eine Haftung nur im Falle des Vorsatzes, nicht aber bei Fahrlässigkeit vorsieht.

Eine Haftung für reine Vermögensschäden sieht das Gesetz nicht vor.[111] Hierfür hat die Rechtsprechung, zumindest für die vertragliche Haftung, Instrumente wie z. B. die vorvertragliche

---

[108] *Sprau, in Palandt, Einführung vor § 823 BGB, RN 2, § 823 RN 3; Looschelders, S. 331, RN 1200.*
[109] *Wandt, S. 266, RN 2.*
[110] *Sprau, in Palandt, § 823 BGB, RN 56a.*
[111] *BGH NJW 2003, 1040; Teichmann, in Jauernig, §823, RN 19; Sprau in Palandt, § 823 BGB, RN 2, 11.*

Pflichtverletzung (*culpa in contrahendo*) nach §§ 280 Abs. 1, 311 Abs. 2, 241 Abs. 2 BGB[112] und das „Recht am eingerichteten Gewerbebetrieb" entwickelt[113].

bb) Haftung für vermutetes Verschulden

Die Haftung für vermutetes Verschulden gehört dogmatisch zum Verschuldensprinzip und umfasst die §§ 831-838 BGB[114]. Die dort genannten Regelungen betreffen vor allem Bereiche, in denen es dem Gläubiger (Geschädigten) schwer fällt oder unmöglich ist, den Beweis der Pflichtverletzung des Schuldners i.S.d. § 823 Abs. 1 BGB zu erbringen, da dieser Beweis oftmals außerhalb seiner Einfluss- und Zugriffsphäre liegt.

Daher ist die Beweislast für das Vertreten müssen der Pflichtverletzung, in Fällen vermuteten Verschuldens zugunsten des Gläubigers umgekehrt.[115] Diese Beweislastumkehr ist der eigentliche Unterschied zwischen den Haftungen für eigenes und vermutetes Verschulden.[116]

Ein Beispiel der Haftung für vermutetes Verschulden ist die Haftung des Geschäftsherrn (Schuldner) für die Pflichtverletzung seines Handlungsgehilfen nach § 831 BGB. Begeht der

---

[112] *Looschelders, S. 428, RN 1172.*
[113] *Sprau in Palandt, §823 BGB, RN 20; Looschelders, S. 428, RN 1172.*
[114] *Wandt, S. 382, RN 1.*
[115] *Looschelders, S. 490, RN 1320; Teichmann in Jauernig, § 831, RN 1 (eigene Verschuldenshaftung des Geschäftsherrn mit Beweislasterleichterung); Wandt, S. 383 RN 4; Roberto, RN 1323, für das Schweizer Recht.*
[116] *Looschelders, S. 490, RN 1320; Wandt, S. 382, RN 1.*

Handlungsgehilfe in Ausübung seiner Tätigkeit für den Geschäftsherrn eine unerlaubte Handlung und verursacht dadurch (kausal) einen Schaden, begründet dies ein eigenständiges Schuldverhältnis zwischen dem Geschäftsherrn und dem Gläubiger (Geschädigter) aufgrund seines <u>vermuteten</u> Auswahl-, Ausstattungs- oder Überwachungsverschuldens und der <u>vermuteten</u> Kausalität seines Verschuldens zum Schadenseintritt.[117] Ein Verschulden des Gehilfen i.S.d. § 276 BGB ist bei der Haftung nach § 831 BGB unerheblich.[118]

Kann der Schuldner jedoch diese Vermutungen widerlegen und nachweisen, dass ihn in diesem Fall kein Auswahl-, Ausstattungs- oder Überwachungsverschulden trifft oder dass keine haftungsbegründende Kausalität vorliegt, dann kann er dies dem Gläubiger als rechtshindernde Einwendung entgegenhalten und sich exkulpieren, d. h. der Ersatzpflicht entgehen[119]. In diesem Fall ist eine mögliche Haftung des Handlungsgehilfen gemäß § 823 BGB zu prüfen, sollte er den Schaden vorsätzlich oder fahrlässig herbeigeführt haben.[120]

Die Möglichkeit des Geschäftsherrn sich der Schadensersatzpflicht durch Exkulpation gemäß § 831 Abs. 1 Satz 2 BGB zu entziehen, wird jedoch durch das in der Rechtsprechung etablierte Prinzip der Haftung des Geschäftsherrn aufgrund seines

---

[117] *Sprau in Palandt, § 831 BGB, RN 1; Teichmann in Jauernig, § 831, RN 1; Wandt, S. 382, RN 1.*
[118] *Sprau in Palandt, § 831 BGB, RN 1; Wagner in Säcker et. al., § 831, RN 28.*
[119] *Creifelds, S. 1269, Nr. 5a; Teichmann in Jauernig, § 831, RN 10.*
[120] *Wagner in Säcker et. al., §831, RN 12.*

Organisationsverschuldens nach § 823 BGB beschränkt.[121] Danach hat der Geschäftsherr seinen Betrieb so zu organisieren und zu betreiben, dass dabei kein Dritter durch ihn geschädigt wird.

b) Gefährdungshaftung

Die Autoren des BGB haben das Verschuldensprinzip als derart große Errungenschaft betrachtet, dass sie die Fälle, deren Einstandspflicht unabhängig von Verschulden oder Rechtswidrigkeit ist, „[…] als irreguläre Ausnahmetatbestände betrachteten und ihre Regelung demgemäß nicht als Aufgabe der Kodifikation (angesehen haben)"[122]. Anders ist es nicht zu erklären, dass das BGB nicht einmal eine „kleine Generalklausel" der Gefährdungshaftung (ähnlich § 823 BGB für die Verschuldenshaftung) enthält und stattdessen ihre Regelungen in einer Fülle von Einzelgesetzen, vielfach außerhalb des BGB normiert sind[123].

Die Gefährdungshaftung hat ihren Schwerpunkt in tatsächlich verkörperten Gefahren, wie den von Tieren, Fahrzeugen oder Fabriken ausgehenden Risiken.[124] Verwirklicht sich die Gefahr, haftet derjenige, der die Gefahr schafft oder sie unterhält. Dabei ist es unerheblich, ob der Schuldner objektiv rechtswidrig oder subjektiv vorwerfbar gehandelt hat.

---

[121] *Sprau in Palandt, § 831 BGB, RN 11; Wandt, S. 387, RN 16.*
[122] *Larenz/Canaris, S. 600, § 84 I 1a; ähnlich Jansen S. 19.*
[123] *z. B. § 7 StVG, § 84 AMG, § 29 Abs. 1, 2 BjagdG, §§ 1, 2 HaftPflG, § 1 ProdHaftG, §§ 1, 2 UmweltHG.*
[124] *Deutsch, S. 30; Larenz/Canaris, S. 610, § 84 I 4a.*

Dieses strikte Haftungsprinzip schafft einen Ausgleich zwischen dem gesamtgesellschaftlichen Nutzen einer Gefahr auf der einen Seite und dem wirtschaftlichen und persönlichen Nutzen den jemand daraus zieht, dass er die Gefahr schafft oder unterhält[125] auf der anderen Seite. Als „Preis für das erlaubte Risiko"[126] muss der Herr über die Gefahr für die Schäden einstehen, die durch sie entstehen. Dies gilt jedoch nur für die Haftungstatbestände, die in den Normen der Gefährdungshaftung explizit aufgeführt sind.[127]

Der Schuldner haftet demzufolge in allen Fällen der Gefährdungshaftung, in denen eine Verletzung der geschützten Rechtsgüter des Gläubigers (Geschädigten) erfolgte, die kausal durch die vom Schuldner geschaffene oder unterhaltene Gefahr entstand.[128] Die Beweislast für die Rechtsgutverletzung und die Kausalität trägt der Geschädigte.[129]

Anders als es die Adäquanztheorie für die Verschuldenshaftung fordert, ist es für die Gefährdungshaftung unerheblich, ob der Schuldner den Schadensfall aufgrund seiner bisherigen Erfahrungen vorhersehen konnte oder musste.[130]

---

[125] *Wandt, § 21§, S. 425, RN 1; Looschelders, S. 528, RN 1440; Lorenz (T), S. 175, RN 274.*
[126] *Looschelders, S. 528, RN 1439.*
[127] *Looschelders, S. 530, RN 1444.*
[128] *Larenz/Canaris, S. 600, § 84 I 1a.*
[129] *Lorenz (E), S. 171; z.B.: Sprau in Palandt § 1 ProdHaftG, RN 25; Teichmann in Jauernig §833, RN 11.*
[130] *Wandt, §21, S. 425, RN 1.*

Er kann nur dann einer Haftung entgehen, wenn einer der gesetzlichen Haftungsausschlussmöglichkeiten[131] anwendbar ist.[132] Spätestens seit *Molinas*[133] Theorie von der „culpa levissima" ist bekannt, dass das Prinzip der Gefährdungshaftung gerade nicht auf einem Fehlverhalten des Schuldners („Herr über die Gefahr") beruht, sondern auf einer fiktiv übernommenen Garantie.[134]

Eine weitere Begründung der Gefährdungshaftung liefert *Canaris*, der erklärt: „Die Gefährdungshaftung setzt keine Rechtswidrigkeit voraus „[…] sonst müsste einer Beseitigungs- oder Unterlassungsklage gegen die Aufrechterhaltung der Gefahrenquelle grundsätzlich stattgegeben werden."[135] Allerdings ist, auch hier unterscheiden sich die Gefährdungshaftung und die Verschuldungshaftung, die Schadensersatzsumme der meisten Tatbestände der Gefährdungshaftung der Höhe nach beschränkt[136]. Diese Haftungshöchstgrenzen sollen es dem Schuldner ermöglichen, das Risiko der von ihm geschaffenen oder unterhaltenen Gefahr adäquat zu versichern.[137]

Spezialfall: Produkthaftung nach Produkthaftungsgesetz (ProdHaftG)

Wie zuvor dargelegt, ist die Gefährdungshaftung nicht primär im

---

[131] *z. B. § 1 Abs. 2 HaftPflG (höhere Gewalt), § 7 II StVG (unabwendbare Ereignisse), § 1 Abs. 2 ProdHaftG.*
[132] *Wandt, §21, S. 425, RN 3, S. 426, RN 15 ff.*
[133] *Molina, Luis de, spanischer Theologe (Jesuit) und Jurist, September 1535 bis 12. Oktober 1600 (Britanica).*
[134] *Jansen (EPR), S. 7 (423).*
[135] *Larenz/Canaris, § 84 I 3a, S. 610; Jansen, S. 11 der Canaris zitiert.*
[136] *Larenz/Canaris, § 84 I, S. 604.*
[137] *Larenz/Canaris, § 84 I, S. 604; Wandt, § 21, S. 425, RN 3.*

BGB, sondern überwiegend in Spezialgesetzen normiert. Eines dieser Spezialgesetze ist das am 1. Januar 1990 eingeführte Produkthaftungsgesetz, das die Haftung eines Herstellers für die Folgeschäden der Benutzung seiner Produkte durch bestimmungsgemäße Anwender[138] normiert. Zentrale Regelung ist § 1 Abs. 1 Satz 1 ProdHaftG, der bestimmt: „Wird durch den Fehler eines Produkts jemand getötet, sein Körper oder seine Gesundheit verletzt oder eine Sache beschädigt, so ist der Hersteller des Produkts verpflichtet, [...] den Schaden zu ersetzen".

Durch § 1 Abs. 1 Satz 2 ProdHaftG wird die Sachhaftung bei Produktfehlern einschränken und umfasst nur Schäden an „anderen Sachen" (nicht am schadensauslösenden Produkt)[139], die für den privaten Ge- oder Verbrauch bestimmt sind und bei Schadenseintritt so verwendet wurden. Schäden an gewerblich genutzten Sachen sind nicht durch das ProdHaftG geschützt[140] (bei B2B-Geschäften sind vertragliche Haftungsverteilungen eher zu vereinbaren, als bei B2C-Geschäften)[141]. Darüber hinaus bestimmt § 11 ProdHaftG eine Selbstbeteiligung des Geschädigten bei Sachschäden in Höhe von 500 €. Die Beweislast für die haftungsauslösende Kausalität, d. h. dass der Fehler kausal für den Schaden ist, liegt gemäß § 1 Abs. 4 ProdHaftG in der Regel beim Geschädigten.

---

[138] *Sprau in Palandt, § 1 ProdHaftG, RN 1.*
[139] *Looschelders, S. 472, RN 1269; Sprau in Palandt, § 1 ProdHaftG, RN 6.*
[140] *Sprau in Palandt, § 1 ProdHaftG, RN 7.*
[141] *Horner/Kaulartz, S. 10.*

Besonderen Schutz erhalten Geschädigte durch § 4 ProdHaftG, der sehr umfassend definiert, wer im Sinne des Gesetzes als „Hersteller" eines Produkts haftet. Hierunter fallen nicht nur die tatsächlichen Hersteller des Produkts, sondern ggf. auch Zulieferer (Komponenten, Grundstoffe etc.), Inhaber von Handelsmarken, Importeure und, wenn der eigentliche Hersteller nicht ermittelbar ist, auch jeder, der als Händler das Produkt verkauft hat.

Da die Frage des Verschuldens bei der Produkt-/Gefährdungshaftung unerheblich ist, hat der Schuldner (Hersteller) auch keine Möglichkeit sich zu exkulpieren. Dies gilt selbst bei unvermeidbaren Schäden[142], worunter auch sogenannte „Ausreißer" in der Fertigung fallen. Er entgeht nur dann der Schadensersatzpflicht, wenn er beweisen kann[143], dass einer der Haftungsausschlussgründe aus § 1 Abs. 2 Nr. 1-5 ProdHaftG Anwendung findet.

Von diesen Haftungsausschlussgründen ist vor allem § 1 Abs. 2 Nr. 5 ProdHaftG für den weiteren Verlauf dieser Arbeit von Bedeutung, wonach der Schuldner dann nicht haftet, wenn „der Fehler nach dem Stand von Technik und Wissenschaft zum Zeitpunkt des Inverkehrbringens nicht erkannt werden konnte". Der Gesetzesbegründung des § 1 Abs. 2 Nr. 5 ProdHaftG zufolge ist das „[…] ausschlaggebende Kriterium der Regelung […] die mangelnde Erkennbarkeit des Fehlers, nicht aber der Umstand, dass ein solcher

---

[142] *Sprau in Palandt, Einführung ProdHaftG, RN 5.*
[143] *Sprau in Paland, § 1 ProdHaftG, RN 25.*

trotz Erkennbarkeit nicht erkannt worden ist". [144]

Das Prinzip „Stand von Wissenschaft und Technik" lässt sich einfach anhand des Beispiels der Verwendung von asbesthaltigen Baustoffen nach dem 2. Weltkrieg verdeutlichen. Das Gefahrenpotenzial von Asbest war zum Zeitpunkt des Inverkehrbringens nicht Stand von Wissenschaft und Technik und wurde erst Jahrzehnte später erkannt.

§ 1 Abs. 2 Nr. 5 ProdHaftG ist jedoch kein „Freibrief", auf den sich ein Hersteller unendlich lang berufen kann, da er nach wie vor der von der Rechtsprechung entwickelten und aus § 823 Abs. 1 BGB abgeleiteten „Produktbeobachtungspflicht" unterliegt[145]. Hersteller sind grundsätzlich dazu verpflichtet, die ihnen zugänglichen wissenschaftlich-technischen Forschungsergebnisse von Universitäten und Fachhochschulen, sofern diese allgemein verifizierbar sind,[146] bei ihrer Produktentwicklung adäquat und fortlaufend zu berücksichtigen. Andernfalls haben sie nur geringe Erfolgsaussichten, sich einer Haftung für Entwicklungsfehler aufgrund § 1 Abs. 2 Nr. 5 ProdHaftG zu entziehen.

5. Mitverschulden des Geschädigten

Aus § 254 Abs. 1 BGB folgt, dass den Geschädigten eine Mitverantwortlichkeit an seinem Schaden trifft, wenn er sich durch eigenes Verschulden in eine Lage gebracht hat, in der ihn das

---

[144] BT-Drs. 11/2447, S. 15.
[145] *Lorenz (T)*, S. 239, RN 401.
[146] *Lorenz (T)*, 237 f., RN 394-396, S. 239, RN 401.

Verhalten des anderen einen Schaden zufügen konnte.[147] Gemäß § 254 Abs. 2 BGB fällt hierunter auch die Pflicht des Gläubigers, den Schuldner auf besondere Risiken hinzuweisen und den Schaden im Rahmen seiner Möglichkeiten zu mindern oder zu vermeiden. Kann der Schuldner nachweisen, dass den Gläubiger an Entstehung oder Umfang des Schadens ein Mitverschulden i.S.d. § 254 BGB trifft, wird dadurch der Umfang zu leistenden Schadensersatzes (nicht die Schuld) reduziert.[148]

III. Zwischenergebnis

Die gesetzliche Haftung in Deutschland besteht primär aus der Haftung für eigenes Verschulden, der Haftung für vermutetes Verschulden und der Gefährdungshaftung; Haftungsprinzipien, die de lege lata dogmatisch voneinander getrennt sind. Ob eine solche Trennung jedoch noch zeitgemäß ist, wird in der Literatur vielfältig diskutiert.

Eine Auffassung vertreten *Larenz/Canaris* in der sie beklagen, dass Verschuldens- und Gefährdungshaftung „in praktischer Hinsicht fast stufenlos ineinander übergehen"[149] und unterstreichen dabei, dass dies grundsätzlich nicht die dogmatische Trennung zwischen den beiden Haftungsarten in Frage stellen darf[150].

Eine andere Meinung wird von der „Study Group on a European Civil Code" um den Rechtswissenschaftler *von Bar*[151] vertreten, die

---
[147] *Larenz*, S. 540, §31 I a.
[148] *Heinrichs in Palandt*, §254: RN 2, gilt für alle Schadensersatzansprüche; RN 66, Reduktion bis 100%.
[149] *Larenz/Canaris*, S. 610.
[150] *Larenz/Canaris*, S. 611.

eine einzige Generalklausel der Haftung vorschlagen[152], um dadurch Verschuldens- und Gefährdungshaftung zu verbinden. Danach gilt, „dass der Schädiger einen Schaden gutzumachen habe, wenn er ihn durch Vorsatz, durch ein sonstiges Fehlverhalten bzw. in sonstiger Weise zurechenbar verursacht hat"[153].

Der Autor sieht den Ansatz, den die Study Group verfolgt, als durchaus zukunftsträchtig an. Er hat auch gezeigt, dass die Haftung für eigenes und vermutetes Verschulden sowie die Gefährdungshaftung den gleichen Prinzipien unterliegen und sich primär nur in den Fragen der Zurechnung (Verschulden / Gefährdung) und eines etwaigen Haftungsausschlusses unterscheiden.

Diese Auffassung wird auch von *Jansen* vertreten[154].

Eine dogmatische Neuausrichtung der Haftung wird auch in anderen Ländern diskutiert. So z. B. durch *Roberto*[155], der für das Schweizer Recht eine Zusammenfassung der Haftung für eigenes und vermutetes Verschulden zu einer gemeinsamen Verschuldenshaftung fordert.

Vor allem mit Blick auf die Entwicklungen im Bereich der

---

[151] *von Bar, Christian, ist ein deutscher Rechtswissenschaftler und Vorsitzender der „Study Group on a European Civil Code" an der Universität Osnabrück (Quelle: SGECC).*
[152] *Jansen, S. 561.*
[153] *Jansen, S. 561.*
[154] *Jansen, S. 19.*
[155] *Roberto in AJP/PJA 11/2005.*

autonomen Systeme bleibt abzuwarten, wie Gesetzgebung und Rechtsprechung das Konzept der Haftung den Notwendigkeiten der sich technologisch und sozial verändernden Gesellschaft anpassen.

B. Autonome Systeme und ihre Stellung im Recht – de lege lata

Automatisierte Systeme sind ein Bestandteil des täglichen Lebens. Aufzüge und Waschmaschinen verrichten ihren Dienst, ohne das man sie als automatisierte Systeme wahrnimmt. Zur Unterscheidung von automatischen und autonomen Systemen folgt der Autor der von *McCarthy* et. al. 2009[156] entwickelten Darstellung[157], die sich am Maß menschlichen Einflusses auf das System orientiert. Danach sind vier Gruppen zu unterscheiden: kontrollierte, überwachte, automatische und autonome Systeme.

I. Kontrollierte, überwachte und automatische Systeme

Der Übergang zwischen kontrollierten, überwachten und automatischen Systemen ist fließend[158] und von einer abnehmenden menschlichen Einflussnahme auf das System geprägt.

- Kontrollierte Systeme
  Hierbei handelt es sich um Systeme, bei denen der Mensch teilweise oder vollständig die Kontrolle über die wesentlichen Abläufe hat.
  Beispiel: normales Kraftfahrzeug.

- Überwachte Systeme
  Dies sind Systeme, die den jeweiligen Anweisungen eines „Maschinenführers" folgen.

---

[156] 15 köpfige „Round-Table-Diskussion" mit Wissenschaftlern unterschiedlicher Fachrichtungen zum Thema „Autonome Systeme: Soziale, rechtliche und ethische Probleme".
[157] *McCarthy* et. al., S. 2.
[158] *McCarthy* et. al., S. 2.

Beispiel: industrielle Maschinen und Anlagen.

- Automatische Systeme
Systeme, die einen festen Funktionsumfang haben und ihre Aufgaben ohne menschliches Zutun ausführen, sind automatische Systeme.
Beispiel: Aufzug.

Trotz ihrer Unterschiede besitzen alle drei Systeme definierte Verhaltenseigenschaften; sind die Ausgangsparameter bekannt, ist das Ergebnis ihrer Handlungen deterministisch.

Die Haftung kontrollierter, überwachter und automatischer Systeme ist durch Gesetz und Rechtsprechung gefestigt und wird regelmäßig, z. B. durch BGH Urteil vom 9. Juni 2015 (Az. VI ZR 284/12)[159] zur Produkthaftung von Herzschrittmachern, bestätigt. Schäden, die durch diese Systeme entstehen, sind nicht Gegenstand dieser Arbeit.

II. Autonome Systeme

Bei Systemen, die in der Lage sind sich an ihre „Umgebung" anzupassen, mit dieser zu „kommunizieren"[160] und selbstständig zu lernen, handelt es sich um autonome Systeme[161]. Sie verfügen über keine eindeutig definierten Verhaltenseigenschaften[162], können auf der Basis von „Sinneseindrücken" (Sensor-Daten) eigene Entscheidungen treffen und diese Entscheidungen umsetzen.

---

[159] *VersR 2015, 1038.*
[160] *Kirn/Müller-Hengstenberg, S. 4.*
[161] *McCarthy et. al., S. 2.*
[162] *Kirn/Müller-Hengstenberg, S. 1.*

Die nachträgliche Performancemessung einer Aufgabe erlaubt zusätzliche Schlussfolgerungen über die Qualität der Entscheidung und beeinflusst so auch die zukünftige Entscheidungsfindung.

Ein autonomes System kann z. B. ein einzelnes Computerprogramm („Software Agent") sein oder ein selbstfahrendes Auto, das seinerseits aus einer Vielzahl automatisierter und autonomer Systeme besteht. Die möglichen Erscheinungsformen sind zwar vielfältig, doch erfolgt die Kontrolle und Entscheidungsfindung immer durch eine Softwaresteuerung.

Für die Definition ab wann ein Computerprogramm als „selbstständig lernend" anzusehen ist, folgt der Autor der Definition von *Mitchell*[163], der erklärt: „Ein Computerprogramm ist dann in der Lage selbstständig aus einer Erfahrung (E) in Bezug auf eine Aufgabe (A) und ihre Performancemessung (P) zu lernen, wenn es seine gemessene Performance (P) bei der Ausführung der Aufgabe (A) mit zunehmender Erfahrung (E) steigert".[164]

Die Definition des Begriffs „Selbststeuerung" entnimmt der Autor der im Forschungsprogramm „Selbststeuernde Logistik" der Universität Bremen festgelegten Definition als: „Selbststeuerung beschreibt Prozesse dezentraler Entscheidungsfindung in heterarchischen[165] Strukturen. Sie setzt voraus, dass interagierende Elemente in nicht-deterministischen Systemen die Fähigkeit und

---

[163] *Mitchel, Tom M., geboren 1951, ist ein amerikanischer Computerwissenschaftler (Quelle: Gutenberg).*
[164] *Mitchell, S. 2 (eigene Übersetzung).*
[165] *Heterarchie: Ein System von Elementen, die nicht in einem hierarchischen Verhältnis stehen, sondern relativ gleichberechtigt nebeneinander existieren. (Reihlen, S. 7).*

Möglichkeit zum autonomen Treffen von Entscheidungen besitzen."[166]

Ein autonomes System erfasst Daten, bereitet diese Daten zu Informationen auf und entwickelt daraus – ohne subjektive Einflüsse[167] - eine objektive Entscheidung. Derart simplifiziert betrachtet kann der Eindruck einer optimalen Entscheidungsfindung entstehen.

Diese simplifizierte Betrachtung trügt jedoch, wie die nachfolgende Grafik zeigt, die den grundsätzlichen Ablauf der Entscheidungsfindung in autonomem Systeme erläutert:

Abbildung 2 - Entscheidungsfindung autonomer Systeme
(eigene Darstellung nach *Campell*)

Sensoren

Autonome Systeme erfassen Daten durch Sensoren[169]. Dabei umfasst der Begriff „Sensoren" alle Formen von Datenerfassungsmechanismen. Dies können z. B. die Kameras autonomer Autos sein oder auch die Schnittstellen- und Kommunikationskomponenten eines Software Agenten, über die der Agent mit der Umwelt kommuniziert. Systeme, die in einem permanenten Austausch mit ihrer Umwelt stehen, erhalten auch einen

---

[166] *Scholz-Reiter et. al*, S. 2 (180).
[167] *Davon abzugrenzen sind die subjektiven Entwicklungs-Entscheidungen der jeweiligen Programmierer.*
[168] *Campel, 10:03 – 12:45.*
[169] *Müller, S. 598.*

kontinuierlichen Strom von Sensor-Daten. Die Integrität dieser Daten ist jedoch unsicher, da Störsignale zu Fehlerfassungen führen können bzw. die Qualität von externen Daten nicht verifizierbar ist. [170]

Datenaufbereitung

Im zweiten Schritt der Entscheidungsfindung bereitet das System die ermittelten Daten auf und versucht daraus Informationen abzuleiten. Hierzu verwendet es Methoden der höheren Mathematik und der Wahrscheinlichkeitsrechnung[171] um die Informationen zu erzeugen, die am wahrscheinlichsten aus den Daten abzuleiten sind. Diese Informationen sind jedoch nicht perfekt, sondern probabilistisch. In einigen Fällen erzielen Maschinen deutlich bessere Ergebnisse als Menschen, in anderen Fällen sind sie schlechter.[172]

Entscheidungsfindung

Erst im dritten Schritt erfolgt die Entscheidungsfindung, indem das autonome System die gewonnenen Informationen gegeneinander abwägt und mithilfe mathematischer Methoden[173] die für die Situation am besten geeignete Entscheidung auswählt. Diese Entscheidung basiert jedoch auf probabilistischen Informationen, deren Grundlage unsichere Daten sind. Eine Vorhersage, welche Entscheidung ein autonomes System trifft, ist somit nicht konkret, sondern immer nur mit einer gewissen Wahrscheinlichkeit möglich.[174]

---

[170] *Ansell, S. 39 ff.*
[171] *Gehrke, S. 2.*
[172] *Campel, 11:28–11:33; Markoff, S. 13: neuste Algorithmen für die Erkennung von Buchstaben in Handschriften erreichen in bestimmten Szenarien deutlich bessere Erkennungsraten als menschliche Probanden.*
[173] *Maurer (T), S. 30 f., 107 ff.*

1. Aktueller Stand der Technik autonomer Systeme

In den vergangenen Jahren hat sich die technische Entwicklung autonomer Systeme rasant beschleunigt. Leistungsfähigere Hardware, effizientere Algorithmen und innovative Ansätze des Maschinenlernens lassen permanent neue Anwendungsszenarien entstehen. Aufgrund der hohen Innovationsgeschwindigkeit ist es nicht möglich einen vollständigen, aktuellen Überblick über den Stand der Technik autonomer Systeme zu vermitteln. Dennoch versucht der Autor anhand einiger Anwendungsszenarien einen Überblick über den gegenwärtigen Einsatz und Entwicklungsstand dieser Systeme zu skizzieren.

a) Autonome Land- und Schienenfahrzeuge

Autonome Landfahrzeuge sind keine Utopie mehr. Google's selbstfahrende Autos haben bereits über 1,6 Millionen Kilometer Fahrleistung absolviert[175] und sind dabei im Mai 2015 über 16.000 Kilometer pro Woche autonom auf öffentlichen Straßen gefahren[176]. Die Daimler AG testet seit Oktober 2015 den ersten autonom fahrenden Serien-LKW auf deutschen Autobahnen[177], im Schweizer Ort Seon wird voraussichtlich im Frühjahr 2016 der erste selbstfahrende autonome Linienbus im innerstädtischen Regelverkehr eingesetzt[178] und der Vorstandsvorsitzende der Deutschen Bahn,

---

[174] *Wachenfeld/Winner in Maurer et. al., S. 475, Kirn/Müller-Hengstenberg, S. 5; Gruber, S. 126.*
[175] *Google (A), o. S.; Hinweis: 1 amerikanische Landmeile = ca. 1,6 Kilometer.*
[176] *Google (B), o. S.; Hinweis: die Fahrten fanden überwiegend in Mountain View, Kaliforniern statt.*
[177] *Daimler, o. S.*
[178] *Kurz, o. S.*

Rüdiger *Grube*, kündigte im November 2015 an: „Wir wollen nicht erst nach der Automobilindustrie autonom fahren, sondern vorher."[179]. Währenddessen startet das japanische Unternehmen Robot Taxi in der Stadt Fujisawa 2016 Feldversuche mit autonomen, selbststeuernden Taxen, deren generelle Markteinführung spätestens zu den Olympischen Spielen in Tokio im Jahr 2020 geplant ist.[180]

Von einer Marktdurchdringung autonomer Land- und Schienenfahrzeuge kann aber zum jetzigen Zeitpunkt noch nicht gesprochen werden. Die hier aufgezeigten Beispiele zeigen jedoch, dass mit einer flächendeckenden Einführung von teil- und vollautonomen Fahrzeugen in wenigen Jahren zu rechnen ist.

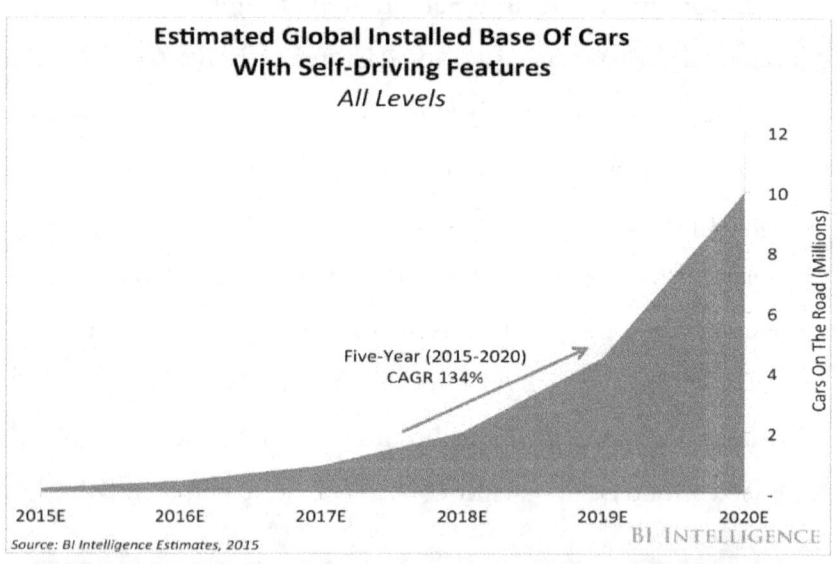

Abbildung 3 – geschätzte Zulassungszahlen selbstfahrender Fahrzeugen 2015-2020 (*Greenough* /BI Intelligence)

[181]

---

[179] *Schlesinger, o. S.*
[180] *Welter, o. S.*

Die nebenstehende Grafik zeigt eine Vorhersage zur geschätzten Anzahl global zugelassener Fahrzeuge mit Selbstfahrfunktionen.

Zusätzlich findet sich in Anlage 3 dieser Arbeit eine umfassende Übersicht der Aussagen aller wesentlichen Protagonisten im Markt für selbstfahrende Fahrzeuge zur zukünftigen Markteinführung dieser Systeme.

Im Bereich der Logistiksysteme sind autonome Systeme bereits seit einigen Jahren im Einsatz. Während erste automatisierte LKWs bereits seit den 1990er-Jahren in australischen Eisenerzminen im Einsatz sind[182], finden wirklich autonome Systeme erst seit Beginn der 2000er-Jahre praktische Anwendung, als z. B. die Hamburger Hafen und Lagerhaus AG 2001 begann, autonome Systeme für das Container-Handling einzusetzen.[183]

Ein jüngeres Beispiel aus der Produktionslogistik bietet die Heideblum Molkerei im niedersächsischen Elsdorf. Sie setzt seit 2012 selbststeuernde LKWs, die autonom mit Verpackungsmaterialien und Fertigwaren be- und entladen werden, zwischen ihrem Lager und ihren Produktionshallen ein, um Kosten zu sparen und die Sicherheit und Zuverlässigkeit der innerbetrieblichen Transporte zu erhöhen.[184]

Der Einsatz autonomer, selbstlenkender Systeme zur Lager- und

---

[181] *Grafik: Greenough, o. S.*
[182] *Flämig in Maurer et. al., S. 382.*
[183] *HHLA, o. S.*
[184] *Götting, o. S.*

Versandverwaltung nimmt ebenfalls kontinuierlich zu. Im Jahr 2015 hatte allein das US amerikanische Unternehmen Amazon bereits über 15.000 autonome und miteinander kommunizierende „KIVA" Lagerroboter in zehn seiner Lagerhäuser in Betrieb[185]. Nach Ansicht des Autors ist es nur eine Frage weniger Jahre, bis vollständig autonome Lagerhäuser eröffnen, in denen autonome Systeme sämtliche Arbeitsschritte, von der Warenanlieferung über die Kommissionierung und Verpacken bis hin zum Beladen der LKWs am Warenausgang durchführen.

b)   Autonome Multifunktions-Roboter

Im Jahr 2014 lieferte die US amerikanische Firma rethink robotics ihren Multifunktions-Roboter „Baxter" an erste Kunden aus.[186] Anders als herkömmliche Industrieroboter wird „Baxter" nicht aufwendig von Spezialisten programmiert, sondern lernt neue Aufgaben in wenigen Minuten durch zusehen, nachmachen und Training. Anschließend kann er diese Aufgabe vollkommen autonom ausführen und seine Ausführung konstant optimieren.

Auch wenn „Baxter" noch keinen Menschen vollständig ersetzen kann, zeigt sein Basispreis von 25.000 US$, dass die Kosten autonomer Systeme ihrer zukünftigen Verbreitung nicht im Weg stehen und ein Einsatz von „Baxter" und seinen Nachfolge- und Wettbewerbsprodukten auch außerhalb des industriellen Sektors zu erwarten ist.[187] Diese Entwicklung wird auch seitens der

---

[185] *Kaplan (M), o. S.; Amazon hat 2012 den Hersteller der „KIVA" Lagerroboter akquiriert (Kaplan (M))*.
[186] *Rethink Robotics, o. S.*

internationalen Standardisierungsgremien vorangetrieben, wie sich an der 2012 erfolgen Revision der ISO Norm 8373[188] zeigt, in der nun auch Serviceroboter im nicht-industriellen Bereich definiert sind.

c) Autonome Software Agenten[189]

Der Begriff „Agent" bezeichnet im englischen juristischen Sprachgebrauch einen Vertreter bzw. Gehilfen, der Aufgaben, die ihm der Prinzipal überträgt, selbstständig durchführt. Die Erweiterung dieses Agenten-Begriffs auf „Software Agenten" geht auf *Rosenschein*[190] zurück[191]. Systeme, die sich aus mehreren Agenten zusammensetzten, sind „Multiagentensysteme"[192], in denen Interaktionsketten entstehen. In der Wirtschaftsinformatikliteratur wird nach *Kirn/Müller-Hengstenberg*[193] derzeit von drei Prämissen bei der Betrachtung autonomer Software Agenten ausgegangen:

- Software Agenten sind Eigentum und Besitz einer natürlichen oder juristischen Person.

- Software Agenten existieren im Allgemeinen in offenen Kommunikationsnetzwerken und können mit anderen Agenten

---

[187] *Rethink Robotics bietet spezielle Versionen für Forschungseinrichtungen an. (Rethink Robotks).*
[188] *Die ISO Norm 8373 definiert Begriffe, die in Zusammenhang mit der Benutzung von Robotern und robottischen Geräten in industriellen und nicht-industriellen Umgebungen Verwendung finden (Quelle: ISO).*
[189] *Software Agent, Bot oder Software Bots sind Synonyme für autonom operierende Computerprogramme.*
[190] *Rosenschein, Jeffrey, ist ein US amerikanischer Wissenschaftler und »Sam and Will Strauss Professor of Computer Science« an der Hebrew University of Jerusalem (Quelle: Rosenschein (B)).*
[191] *Rosenschein (A); Kirn/Müller-Hengstenberg, S. 3, FN 5.*
[192] *Belloni et. al., S. 1; Kirn/Müller-Hengstenberg, S. 5.*
[193] *Kirn/Müller-Hengstenberg, S. 2.*

interagieren.

- Software Agenten sind permanent aktiviert, wozu sie ein Mindestmaß an Autonomie benötigen. „Autonom" bedeutet in diesem Zusammenhang vor allem auch, dass der Agent die exklusive Kontrolle über sein eigenes Handeln und seinen Zustand hat[194].

Obwohl der Einsatz von Software Agenten heute zumeist noch im Rahmen der wissenschaftlichen Forschung erfolgt, gibt es doch bereits praktische Anwendungen. So bearbeiten autonome Software Agenten z. B. Kreditkartenanträge und überwachen Zahlungsströme, um das Kreditausfallrisiko zu minimieren[195].

Sie unterstützen Unternehmen bei komplexen Finanztransaktionen[196] und steuern die Bewegungen von großen Personengruppen in animierten Filmen[197]. Auch in der sicherheitstechnischen Netzwerküberwachung, z. B. bei der Erkennung anormaler Datenströme, erhalten autonome Software Agenten Einzug[198].

Zukünftige Anwendungen sind z. B. „Shopping Assistenten", d. h. Systeme, die aufgrund entsprechender Vorgaben oder Erfahrungen, für ihre Besitzer selbstständig Einkäufe tätigen oder Agenten, die

---

[194] *Fingar, S. 3.*
[195] *Kaplan (J), 13:03 – 13:45.*
[196] *AOS, o. S.*
[197] *Massiv o. S., z. B. große Mengen von Menschen und „Wesen" in der Film-Triologie der Herr der Ringe.*
[198] *Tewari/Arya/Singh, S. 2, Nr. 3.1; Kamboj, S. 4.*

autonom wissenschaftliche Recherchen betreiben, Fachaufsätze resümieren, Verträge überprüfen und Konkurrenten überwachen.

d)   Interaktionsketten in Multiagentensystemen

Die Einführung autonomer Systeme führt zu einer besonders dynamischen Entwicklung: Interaktionsketten, die sich aus der Interaktion zwischen verschiedenen autonomen Systemen zur Erfüllung einer Aufgabe ergeben. Dabei sticht vor allem die mögliche Ausbildung emergenter Funktionalitäten hervor, die von den Entwicklern nicht vorhersehbar sind[199], von den Systemen jedoch u. U. genutzt werden können.

Die nachfolgende Grafik zeigt eine einfache Form einer Interaktionskette autonomer Systeme.

Interaktionskette autonomer Systeme

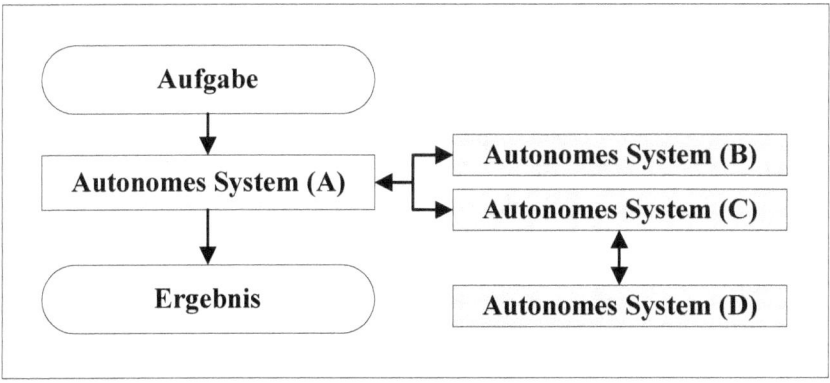

Abbildung 4 – einfache Interaktionskette (eigene Darstellung)

---

[199] *Kirn/Müller-Hengstenberg, S. 1.*

Der Autor führt zwei unterschiedliche Formen von Interaktionsketten in die wissenschaftliche Diskussion ein, die sich in ihrer jeweiligen Zusammensetzung unterscheiden:

- Öffentliche Interaktionsketten
  Besteht eine Interaktionskette aus zueinander freien und unabhängigen autonomen Systemen und ist grundsätzlich beliebigen anderen autonomen Systemen zugänglich, bezeichnet sie der Autor als „öffentlich".
  <u>Beispiel:</u> das Zusammenwirken zueinander unabhängiger autonomer Software Agenten über das Internet.

- Private Interaktionsketten
  Besteht eine Interaktionskette aus definierten autonomen Einzelsysteme, die ein Hersteller konkret für die Interaktionskette auswählt, bezeichnet sie der Autor als „privat".
  <u>Beispiel:</u> das Zusammenwirken der Einzelsysteme eines autonomen Fahrzeugs (Kameras, Radarsensoren, GPS-System, Fahrerassistenzsystem, Routenplanung etc.).

Interaktionsketten werfen auch neue ethischer Fragestellung auf, wie z. B. „dürfen autonome Systeme unwahre Informationen an *Konkurrenten* kommunizieren um ihre Aufgaben zu erfüllen?"[200]

---

[200] *Hat ein Hersteller ein autonomes System vorsätzlich so entwickelt, das es Wettbewerbern unwahre Informationen übermittelt, ist die Verantwortung des Herstellers offensichtlich. Wie ist es aber zu verhindern, dass das System autonom entscheidet, das es seine Aufgabe besser erfüllen kann, wenn es Konkurrenten unvollständige oder unwahre Daten übermittelt?*

Die Frage der ethisch korrekten Kommunikation in Multiagentensystemen ist mittlerweile ebenfalls Gegenstand der wissenschaftlichen Forschung.[201]

2. Gesetzliche Haftung von autonomen Systemen

Der Titel dieser Arbeit impliziert eine mögliche Haftung autonomer Systeme, d. h. ein Eintreten müssen eines autonomen Systems als (selbstständiger) Schuldner in einem gesetzlichen Schuldverhältnis. Eine solche Schuldnerstellung ist jedoch nur dann möglich, wenn das autonome System als Rechtssubjekt gelten kann oder zumindest Rechtssubjekteigenschaften hat und somit Träger von Rechten und Pflichten sein kann.

Das BGB legt im 1. Abschnitt seines 1. Buchs den Umfang des Personenbegriffs fest. Dieser Abschnitt umfasst 2 Titel: [202]

- Titel 1 enthält die Bestimmungen, die „natürliche Personen" betreffen und lässt aus § 1 BGB folgen, dass mit natürlichen Personen „Menschen" gemeint sind.[203]

- Titel 2 enthält die Regelungen, die „juristische Personen" betreffen. Hierbei handelt es sich um Vereine (§ 21 BGB), Körperschaften und Gesellschaften.[204]

---

[201] *Belloni et. al., S. 1 ff.*
[202] *Natürliche Personen: Titel 1, §§ 1-14 BGB; Juristische Personen: Titel 2, §§ 15-89 BGB.*
[203] *Ellenberger in Paland, § 1 BGB, RN 1.*
[204] *Ellenberger in Paland, Einführung vor § 21 BGB, RN 1-3; Für bestimmte Gesellschaftsformen ergibt sich dies aus BGB-Nebengesetzen wie z. B.: § 13 GmbHG, § 1 AktG und §§ 124, 161 Abs. 2 HGB (OHG, KG).*

Die Rechtsordnung spricht nur natürlichen und juristischen Personen Rechtsfähigkeit zu. Nur diese Personengruppen können Träger von Rechten und Pflichten sein.[205] Autonome Systeme sind keine Menschen und somit keine natürlichen Personen. Sie sind auch keine juristischen Personen da, wie *Kirn/Müller-Hengstenberg* richtigerweise ausführen, „es hier an den konstitutionellen Voraussetzungen wie Gründung, Mitgliedschaft und Organen und einem entsprechenden hoheitlichen Gründungsakt fehlt"[206].

Da autonome Systeme weder natürliche noch juristische Person sind, haben sie keine Rechtssubjekteigenschaften und können somit weder Gläubiger noch Schuldner in einem gesetzlichen Schuldverhältnis sein.

Daraus folgt, dass autonome Systeme für durch sie verursachte Schäden de lege lata (selbst) nicht haften.

Autonome Systeme operieren jedoch nicht in einem luft- und haftungsleeren Raum, sondern „erzeugen durch ihr Handeln auch objektive Tatbestände im Rechtsverkehr, aus denen sich auch Vertrauenstatbestände ergeben, die nicht frei von jeder Haftung sein können"[207].

---

[205] *Ellenberger in Paland, Überblick vor § 1 BGB, RN 1; Jauernig, § 1, RN 2; Kirn/Müller-Hengstenberg, S. 8.*
[206] *Kirn/Müller-Hengstenberg, S. 8.*
[207] *Kirn/Müller-Hengstenberg, S. 11.*

Wer haftet demnach, wenn ein solches System einen Dritten schädigt?

III. Gesetzliche Haftung für autonome Systeme

Wie zuvor dargelegt, gilt es als Prämisse der Wirtschaftsinformatik, dass autonome Software Agenten im Eigentum bzw. Besitz natürlicher oder juristischer Person stehen. Ebenso darf als sicher gelten, dass autonome Systeme, die aus einer Kombination von Hard- und Software bestehen, Eigentum bzw. Besitz natürlicher oder juristischer Person sind.

Da die derzeitige Rechtsordnung autonomen Systemen keine Rechtssubjekteigenschaften zuspricht, handelt es sich bei ihnen um bewegliche Sachen (Kombinationen aus Hard- und Software) bzw. sind sie wie bewegliche Sachen zu behandeln[208] (Software Agenten)[209]. Somit sind autonome Systeme aus rechtlicher Sicht als Werkzeuge anzusehen, mit denen Personen handeln und nicht als eigenständige Einheit, die für sich selber handelt.

In Folge dessen ist die Frage „wer haftet für autonome Systeme" eine Frage der Zuordnung der schädigenden Handlung des Systems zu einer „verantwortlichen" Person[210]. Je nach Situation kommen

---

[208] *Spätestens mit dem BGH Urteil vom 15. November 2006 (Az. XII ZR 120/04) hat der BGH festgestellt, dass eine Software, die auf einem flüchtigen oder nichtflüchtigen Datenträger (auch auf der Festplatte eines Providers im Internet) gespeichert ist, als eine bewegliche Sache anzusehen ist (S. 5, RN 15).*
[209] *Die Abgrenzung, wann eine Software als Sache oder Recht anzusehen ist, hängt vom Einzelfall ab, auch wenn die Rechtsprechung des BGH (FN 208 oben) Software vermehrt eine Sacheneigenschaft zuspricht.*
[210] *Gruber, S. 127, Kirn/Müller-Hengstenberg, S. 8, 12 ff; Horner/Kaulartz, S. 7.*

dabei als „Verantwortlicher" der Eigentümer, Besitzer, Benutzer, Hersteller, Einführer, Händler oder jeder Andere, „der die Sachherrschaft ausübt" in Betracht.[211]

So ist z. B. nach einem BGH Urteil[212] gegen einen Betreiber von Internet-Suchmaschinen, wegen dessen Systems für das automatische Vorschlagen ergänzender Suchbegriffe, derjenige Verantwortlicher, der: „[...] in irgend einer Weise – auch ohne Verschulden – willentlich und adäquat an einer Verletzung eines Rechtsguts *mitgewirkt* hat [...]"[213].

Dadurch wird die haftungsrechtliche Risikoverteilung und die Frage, wem ein verbleibendes Restrisiko zugewiesen wird, zu einem der Kernpunkte der Haftungsproblematik[214].

In den folgenden Unterkapiteln widmet sich der Autor den Aspekten der gesetzlichen Haftung für autonome Systeme im Rahmen der Verschuldens- und Gefährdungshaftung. Dabei sind jene gesetzlichen Regelungen, die nur für bestimmte Arten autonomer Systeme gelten, wie z. B. das StVG für autonome Autos oder Fragen des Datenschutzrechts, aufgrund der Umfangsbegrenzung dieser Arbeit, nicht Gegenstand der Untersuchung.

---

[211] *Sprau in Palandt, § 823 BGB, RN 48.*
[212] *BGH Urteil vom 14. Mai 2013, Az. VI ZR 269/12.*
[213] *BGH Urteil vom 14. Mai 2013, Az. VI ZR 269/12, S. 12, RN 24.*
[214] *Bräutigam/Klindt, S. 88; Beck, S. 127, 129; Horner/Kaulartz, S. 7.*

1. Verschuldungshaftung

Die Verschuldungshaftung, der Grundtyp des deutschen Haftungsrechts, setzt für eine Haftung, neben der haftungsauslösenden Kausalität der schädigenden Handlung, zwingend ein Verschulden, d. h. Vorsatz oder Fahrlässigkeit des Schuldners voraus.

a) Vorsatz

Trifft den Schuldner Vorsatz, ist seine grundsätzliche Haftung unstrittig; auch wenn in Einzelfällen haftungsreduzierende oder haftungsausschließende Gründe vorliegen können.

b) Fahrlässigkeit

Fahrlässig handelt, „wer die im Verkehr erforderliche Sorgfalt außer Acht lässt". Doch was ist die „im Verkehr erforderliche Sorgfalt" in Fällen, in denen z. B. der Verantwortliche keinen Einfluss auf die Handlungen und Entscheidungen des autonomen Systems und somit auf das Handlungsergebnis hat oder in Märkten, die der Verantwortliche selber geschaffen hat und in denen sein eigenes Handeln das „im Verkehr übliche" darstellt? Der BGH antwortet darauf in ständiger Rechtsprechung, wonach „[…] derjenige, der eine Gefahrenlage - gleich welcher Art - schafft, grundsätzlich verpflichtet (ist), die notwendigen und zumutbaren Vorkehrungen zu treffen, um eine Schädigung anderer […] zu verhindern […] dabei sind Sicherungsmaßnahmen umso eher zumutbar, je größer die Gefahr und die Wahrscheinlichkeit ihrer Verwirklichung sind"[215]

---

[215] *BGH Urteil vom 31. Oktober 2006, Az. VI ZR 223/05, S. 5 f., RN 11; Sprau in*

Die Rechtsauffassung des BGH zwingt die Verkehrsteilnehmer nicht nur zu umfangreichen Sicherungs- und Kontrollmaßnahmen,[216] sie zeigt nach Ansicht des Verfassers auch die bereits im ersten Teil dieser Arbeit angemerkte, zunehmende Aufweichung der Grenzen zwischen Verschuldens- und Gefährdungshaftung durch die Rechtsprechung.

Es gehört jedoch auch zum Wesen der Fahrlässigkeit, dass sie nur dann vorliegt, wenn die schadensauslösende Gefahr als solches für den Verantwortlichen sowohl vorhersehbar, als auch erkennbar war[217], bzw. wenn es sich aus der Situation heraus für einen sachkundig urteilenden Dritten ergibt, das die entsprechende Gefahr droht.[218] Andernfalls liegt die Erkennbarkeit dieser Gefahr außerhalb des Standes von Wissenschaft und Technik.

Diese als Entwicklungsfehler bekannte Situation ist Gegenstand ausführlicher Betrachtung im nachfolgenden Kapitel. Die dort aufgezeigten Bewertungskriterien des Entwicklungsfehlers sind auch im Rahmen der Verschuldenshaftung gemäß § 823 BGB anzuwenden.[219]

Wie sich die Frage von Vorhersehbarkeit und Erkennbarkeit einer

---

Palandt, § 823 BGB, RN 46.
[216] *Kirn/Müller-Hengstenberg, S. 17 f.*
[217] *Heinrichs in Palandt, § 276 BGB, RN 12, 20-21.*
[218] *Sprau in Palandt, § 823 BGB, RN 46.*
[219] *BGH Urteil vom 16. Juni 2009, Az. VI ZR 107/08, S. 6, RN 12; aus Sprau in Palandt, § 823 BGB, RN 169 folgt, dass kein Verschulden vorliegt, wenn der Fehler nach dem Stand von Wissenschaft und Technik nicht erkennbar war (vergleichbar zu § 1 Abs. 2 Nr. 5 ProdHaftG).*

Gefahr bei autonomen Systemen darstellt, deren Entscheidungen von menschlicher Einsicht und Einflussnahme ausgeschlossen, nur auf Grundlage mathematischer Verfahren entstehen, wurde von der Rechtsprechung bisher nicht behandelt.[220]

Daher hängt die Frage, ob der jeweilige „Verantwortliche" nach den Grundsätzen der Verschuldenshaftung, z. B. wegen Fahrlässigkeit nach § 823 Abs. 1 BGB für das autonome System haftet oder nicht, vom jeweiligen Einzelfall ab[221] und lässt sich ebenso wie die Entscheidungsfindung autonomer Systeme nicht konkret, sondern nur mit einer gewissen Wahrscheinlichkeit vorhersagen.[222]

Auch wenn sich die Frage, wie Gerichte die Fahrlässigkeits-Maßstäbe der Verschuldenshaftung für autonome Systeme bewerten, zum jetzigen Zeitpunkt nicht konkret beantworten lässt, sieht das Gesetz auch verschuldensunabhängige Formen der Haftung vor, die der Autor in den nachfolgenden Unterkapiteln untersucht.

2. Gefährdungshaftung nach dem Produkthaftungsgesetz

Wie jedes technische System enthalten auch autonome Systeme ein Gefahrenpotenzial. Diesem grundsätzlichen Gefahrenpotenzial technischer Systeme tragen Gesetzgebung und Rechtsprechung durch die Instrumente der Gefährdungshaftung Rechnung. Wie

---

[220] *Kirn/Müller-Hengstenberg, S. 15.*
[221] *Heinrichs in Palandt, § 276 BGB, RN 20.*
[222] *Wachenfeld/Winner in Maurer et. al., S. 475, Kirn/Müller-Hengstenberg, S. 5; Gruber, S. 126.*

zuvor bereits dargelegt, ist die Gefährdungshaftung eine verschuldensunabhängige Form der Haftung. Sie stellt die Frage der haftungsauslösenden Kausalität in den Vordergrund und nicht das Verhalten des Schuldners.

Im Folgenden untersucht der Autor eine mögliche Haftung für autonome Systeme auf Grundlage des ProdHaftG. Dazu prüft er, ob diese Systeme unter den Produktbegriff des § 2 ProdHaftG fallen, führt in den Fehlerbegriff des §3 ProdHaftG ein und betrachtet kritisch die Haftungsausschlussmöglichkeiten des Herstellers gemäß § 1 Abs. 2 Nr. 5 ProdHaftG.

a) Produkt (§ 2 ProdHaftG)

§ 2 ProdHaftG bestimmt: „Produkt im Sinne dieses Gesetzes ist jede bewegliche Sache, auch wenn sie ein Teil einer anderen […] Sache bildet, sowie Elektrizität."

Zunächst muss geprüft werden, ob sowohl Kombinationen aus Hard- und Software, als auch autonome Software Agenten unter den Produktbegriff des ProdHaftG fallen. Autonome Systeme als Kombinationen von Hard- und Softwarekomponenten sind bewegliche Sachen und somit als Produkt i.S.d. § 2 ProdHaftG anzusehen. Gilt dies jedoch auch für Software Agenten, die als Computerprogramm gerade keine „bewegliche Sache" sind?

Die Kommission der Europäischen Gemeinschaft hat sich in einer Stellungnahme vom 8. Mai 1989 dahingehend geäußert, dass

Software als Produkt i.S.d. Artikel 2 der Richtlinie 85/374/EWG des Rates der europäischen Gemeinschaften vom 25. Juli 1985, der europarechtlichen Grundlage des deutschen Produkthaftungsgesetz[223], anzusehen ist.[224] Der BGH bejaht diese Frage spätestens durch sein Urteil zur Rechtsnatur von Software im Rahmen von ASP - Verträgen[225].

Diese Auffassung wird auch von der Literatur gestützt[226]. Aus dem Vorgenannten folgert der Verfasser, dass autonome Systeme, unabhängig ihrer Erscheinungsform, grundsätzlich als Produkt i.S.d. § 2 ProdHaftG anzusehen sind.

b) Fehler (§ 3 Abs. 1 ProdHaftG)

§ 3 Abs. 1 ProdHaftG bestimmt: „Ein Produkt hat einen Fehler, wenn es nicht die Sicherheit bietet, die unter Berücksichtigung aller Umstände, […] berechtigterweise erwartet werden kann". Dabei kommt es nicht auf die subjektive Sicherheitserwartung einzelner Benutzer an, sondern auf die objektiven Sicherheitsanforderungen, die der jeweilige Verkehrskreis erwartet.[227] Wenn das Produkt für Endverbraucher bestimmt ist, erhöhen sich diese Anforderungen, da dann zusätzlich auch das Wissen und das Gefahrensteuerungspotenzial eines durchschnittlich informierten Konsumenten zu berücksichtigen ist.[228]

---

[223] *BT-Drs. 11/2447 von 9. Juni 1988, S. 1 („Zielsetzung")*.
[224] *Runtel/Potinecke, S. 726, FN 19*.
[225] *BGH Urteil vom 15. November 2006, Az. XII ZR 120/04, S. 4, RN 8*.
[226] *Bräutigam/Klindt, S. 84*.
[227] *BGH Urteil vom 16. Juni 2009, Az. VI ZR 107/08, S. 6, RN 12*.
[228] *BGH Urteil vom 17. März 2009, AZ VI ZR 176/08, S. 5, RN 7*.

Für den Begriff des „Fehlers" haben Literatur[229] und Rechtsprechung[230] unterschiedliche Fehlerkategorien entwickelt, die der Beurteilung des jeweiligen Sachverhalts dienen:

- Konstruktionsfehler
  Das Produkt ist infolge fehlerhafter technischer Konzeption oder Planung für eine gefahrlose Benutzung ungeeignet[231].

- Fabrikationsfehler
  Der Fehler entsteht während der Produktion und haftet nur einem einzelnen Produkt oder einer Serie von Produkten an[232] (z. B. sog. „Ausreißer"-Fehler).

- Instruktionsfehler
  Die mit dem Produkt ausgelieferten Bedienungsanweisungen (Instruktionen) sind nicht geeignet, um das Produkt gefahrlos zu benutzen[233].

- Entwicklungsfehler
  Der Fehler war nach dem Stand von Wissenschaft und Technik[234] zum Zeitpunkt des Inverkehrbringens nicht erkennbar[235].

---

[229] *Larenz, S. 325, RN 389-392; Sprau in Palandt, § 1 ProdHaftG, RN 21, § 3 ProdHaftG RN 8-10.*
[230] *z. B. BGH Urteil vom 16. Juni 2009, Az. VI ZR 107/08; BGHZ 129, 353, 359.*
[231] *Sprau in Palandt, § 3 ProdHaftG, RN 8.*
[232] *Sprau in Palandt, § 3 ProdHaftG, RN 9.*
[233] *Sprau in Palandt, § 3 ProdHaftG, RN 10.*
[234] *„Stand von Wissenschaft und Technik" ist dabei der Inbegriff der Sachkunde, die im wissenschaftlichen und technischen Bereich vorhanden ist und allgemein zur Verfügung steht." (BT-Drs. 11/2447, S. 15).*
[235] *Sprau in Palandt, § 1 ProdHaftG, RN 21.*

Von diesen Fehlern wirkt i.d.R. nur der Entwicklungsfehler haftungsausschließend (gemäß § 1 Abs. 2 Nr. 5 ProdHaftG). Treten bei Produkten jedoch Konstruktions-, Fabrikations- oder Instruktionsfehler auf, fallen diese gewöhnlich in die Verantwortung des Herstellers, der in diesen Fällen den Haftungsanforderungen des Produkthaftungsgesetzes unterliegt.[236]

Wie sich diese Fehlerkategorien in Bezug auf autonome Systeme darstellen, war mangels entsprechender Fälle noch nicht Gegenstand konkreter gerichtlicher Entscheidungen. Allerdings, so argumentieren z. B. *Bräutigam/Klindt*, da Software grundsätzlich als Produkt i.S.d. § 2 ProdHaftG anzusehen ist, sind auch die Fehlerkategorien auf sie übertragbar.[237]

Unter Berücksichtigung der zuvor genannten Einbeziehung von Software unter den Produktbegriff des § 2 ProdHaftG durch die EU Kommission und die BGH Rechtsprechung, vertritt auch der Verfasser die von *Bräutigam/Klindt* dargelegte Meinung, dass die Fehlerkategorien des Produkthaftungsgesetzes auf autonome Systeme zu übertragen sind.

Zusätzlich können sich auch „Fehler" aus der von der Rechtsprechung aus § 823 BGB entwickelten **Produktüberwachungspflicht**[238] des Herstellers ergeben, wonach

---

[236] *BGH Urteil vom 16. Juni 2009, Az. VI ZR 107/08, S. 14, RN 27; aus dem Urteil folgt unter RN 22, dass u. U. auch Instruktionsfehler dem Haftungsausschluss nach § 1 Abs. 2 Nr. 5 ProdHaftG unterliegen können.*
[237] *Bräutigam/Klindt, S. 85.*
[238] *Sprau in Palandt, § 3 ProdHaftG, RN 15.*

dieser ab Inverkehrbringen, das Produkt und mögliche Zuliefererprodukte auf bis dahin noch unbekannte Eigenschaften und gefahrenschaffende Verwendungsfolgen überwachen muss[239].

Da die Überwachungspflicht aus § 823 BGB abgeleitet ist, handelt es sich bei ihr um eine Verschuldenshaftung. Somit ist sie nicht Gegenstand der Betrachtung in diesem Unterkapitel.

c)   Haftungsausschluss (§ 1 Abs. 2 ProdHaftG)

Neben den weitreichenden Haftungsvorschriften des ProdHaftG, die Aufgrund der Herstellerdefinition in § 4 ProdHaftG im Prinzip die gesamte Wertschöpfungskette eines Produkts als Hersteller (oder dem Hersteller gleichstehend) ansehen kann[240], bietet § 1 Abs. 2 Nr. 1-5 ProdHaftG eine Reihe von Gründen, die eine Haftung des Herstellers ausschließen:

- § 1 Abs. 2 Nr. 1 ProdHaftG

    Der Hersteller hat das Produkt nicht in Verkehr gebracht.

- § 1 Abs. 2 Nr. 2 ProdHaftG

    Der Fehler lag zum Zeitpunkt des Inverkehrbringens nicht vor.

- § 1 Abs. 2 Nr. 3 ProdHaftG

    Der Hersteller hat das Produkt weder für den Verkehr noch für

---

[239] *Sprau in Palandt, § 823 BGB RN 172.*
[240] *Als „Hersteller" i.S.d. § 4 ProdHaftG können je nach Fallkonstellation der tatsächliche Produkthersteller, die Hersteller von Teilprodukten und Grundstoffen, der Inhaber der Handelsmarke unter der das Produkt angeboten wird, der Importeur und jeder Lieferant (z. B. Verkäufer, Vermieter) des Produkts gelten.*

den Vertrieb entwickelt.

- § 1 Abs. 2 Nr. 4 ProdHaftG
  Der Fehler beruht darauf, dass das Produkt bei Inverkehrbringen zwingend geltenden Rechtsvorschriften entsprach.

- § 1 Abs. 2 Nr. 5 ProdHaftG
  Der Fehler war nach dem Stand von Wissenschaft und Technik zum Zeitpunkt des Inverkehrbringens nicht erkennbar.

Nachfolgend untersucht der Autor den Haftungsausschluss des § 1 Abs. 2 Nr. 5 ProdHaftG, da sich dieser speziell auf solche Fehler bezieht, die der Hersteller zum Zeitpunkt des Inverkehrbringens nicht vorhersehen konnte (sog. Entwicklungsfehler) und untersucht dabei, ob die besonderen Eigenschaften autonomer Systeme, namentlich die probabilistische Natur ihrer Entscheidungsfindung, grundsätzlich einem Haftungsausschluss begründen.

Dabei ist die Möglichkeit des selbstständigen Lernens autonomer Systeme oder deren mögliche „Veränderung durch Jedermann z. B. über das Internet" nicht Gegenstand der Betrachtung in diesem Unterkapitel. Vielmehr steht die probabilistische Entscheidungsfindung als solches im Zentrum der Untersuchung. Die Überprüfung der Haftung für fehlerauslösendes selbstständiges Lernen erfolgt im späteren Verlauf der Arbeit.

aa) Probabilistische Entscheidungsfindung als haftungsausschließender Entwicklungsfehler i.S.d. § 1 Abs. 2 Nr. 5 ProdHaftG

Bereits die Begründung der das ProdHaftG initiierenden Richtlinie 85/374/EWG des Rates der europäischen Gemeinschaften vom 25. Juli 1985 zeigt, dass der in Art. 7 Buchstabe e aufgeführte Haftungsausschluss für sog. Entwicklungsfehler eine Sonderstellung einnimmt und kein universelles europäisches Rechtsinstitut ist, da ein solcher Haftungsausschluss „in einigen Ländern als ungerechtfertigte Einschränkung des Verbraucherschutzes empfunden werden kann [...]"[241].

Diesem Umstand wurde mit Art. 15 Abs. 1 Buchstabe b der Richtlinie Rechnung getragen, der bestimmt, dass die EU-Länder von Art. 7 Buchstabe e abweichen können, um für die Haftung des Herstellers auch Entwicklungsfehler zu erfassen. Von dieser Möglichkeit haben Finnland und Luxemburg Gebrauch gemacht[242], deren Produkthaftungsgesetze keinen Ausschluss der Haftung für Entwicklungsfehler vorsehen. Anders in Deutschland, wo § 1 Abs. 2 Nr. 5 ProdHaftG definiert: „Die Ersatzpflicht des Herstellers ist ausgeschlossen, wenn [...] der Fehler nach dem Stand der Wissenschaft und Technik in dem Zeitpunkt, in dem der Hersteller das Produkt in den Verkehr brachte, nicht erkannt werden konnte."

---

[241] *Richtlinie 85/374/EWG des Rates der europäischen Gemeinschaften vom 25. Juli 1985, Begründung.*
[242] *Kraft, S. 50; Lorenz (T), S. 234, RN 388; eingeschränkt auch in Spanien und Frankreich (Lorenz (T) aaO).*

Bei der Untersuchung der Haftung für autonome Systeme stellt sich die Frage, ob überhaupt ein Fehler i.S.d. § 3 Abs. 1 ProdHaftG vorliegen kann, wenn der Hersteller, aufgrund der probabilistischen Natur der Entscheidungsfindung autonomer Systeme, keine Möglichkeit hat, die durch das System zu treffende Entscheidung (und die daraus resultierenden Konsequenzen) zu steuern oder konkret vorherzusehen?

Handelt es sich hier nicht vielmehr um einen haftungsausschließenden Entwicklungsfehler i.S.d. § 1 Abs. 2 Nr. 5 ProdHaftG, da der „Fehler" nach dem Stand von Wissenschaft und Technik zum Zeitpunkt des Inverkehrbringens weder für den Hersteller noch für einen sachverständigen Dritten vorhersehbar war? Oder liegt in diesen Fällen ein haftungsauslösender Konstruktionsfehler vor, da der Hersteller durch die gewählte Konstruktion des Systems die Möglichkeit geschaffen hat, dass eine Gefahr entsteht? Diese grundsätzliche Frage ist Gegenstand der Untersuchung der folgenden drei Unterkapitel.

(1) Argumentationsalternative 1 (pro Entwicklungsfehler)

Das Prinzip des Haftungsausschluss bei Entwicklungsfehlern begründet sich darauf, dass der Fehler weder für den Hersteller, noch für sachverständige Dritte mit dem zum Zeitpunkt des Inverkehrbringens vorhandenen Stand von Wissenschaft und Technik erkennbar war[243], d. h. um eine Haftung nach § 1 Abs. 2 Nr. 5 ProdHaftG auszuschließen, darf keine „sicherheitstechnisch

---

[243] *Sprau in Palandt, § 1 ProdHaftG, RN 21.*

überlegene Alternativkonstruktion zum Serieneinsatz reif sein"[244].

Unvorhersehbarkeit der Entscheidung
Die probabilistische Natur der Entscheidungsfindung autonomer Systeme gehört zu deren immanenten Funktionen[245], d. h. sie ist eine grundlegende Eigenschaft autonomer Systeme. Wenn ein Fehler dadurch entsteht, dass ein autonomes System eine für niemanden konkret vorhersagbare – weil probabilistische – Entscheidung getroffen hat, ist auch das daraus resultierende fehlerauslösende Handlungsergebnis weder für den Hersteller noch für sachverständige Dritte vorhersehbar. Wenn aber der Fehler für niemanden vorhersehbar ist, kann seine Vorhersehbarkeit auch nicht Stand von Wissenschaft und Technik sein.

Da darüber hinaus alle autonomen Systeme probabilistischer Natur sind, kann es auch keine „sicherheitstechnisch überlegene Alternativkonstruktion" geben.

Gebotener Sicherheitsstandard für das Inverkehrbringen von Produkten
Der BGH urteilt, dass ein Konstruktionsfehler dann vorliegt, wenn das Produkt, „schon seiner Konzeption nach unter dem gebotenen Sicherheitsstandard bleibt"[246].

Da die vorherige Prüfung gezeigt hat, dass nach dem Stand von Wissenschaft und Technik niemand die probabilistischen

---

[244] *BGH Urteil vom 16. Juni 2009, Az. VI ZR 107/08, S. 8, RN 16.*
[245] *Horner/Kaulartz, S. 7.*
[246] *BGH Urteil vom 16. Juni 2009, Az. VI ZR 107/08, S. 7, RN 15.*

Entscheidungen autonomer Systeme vorhersagen kann, folgt daraus, dass diese Vorhersehbarkeit auch nicht Bestandteil der Sicherheitsstandards sein kann, die Hersteller für das Inverkehrbringen von Produkten grundsätzlich erfüllen müssen.

Wenn eine Vorhersehbarkeit der Entscheidung autonomer Systeme nicht Bestandteil der notwendigen Sicherheitsstandards sein kann, dann kann ihr Fehlen auch keinen Konstruktionsfehler wegen Nichteinhalten dieser Sicherheitsstandards begründen.[247] Selbst der BGH hat bereits erklärt: „Es kann nicht von jedem Produkt in jeder Situation absolute Sicherheit verlangt werden."[248]

Schlussfolgerung

Die immanent probabilistische Natur der Entscheidungsfindung autonomer System macht eine Vorhersage der von ihnen getroffenen Entscheidungen für jedermann unmöglich.

Da aber nach wie vor das Prinzip des *impossibilium nulla est obligatio*[249] gilt, muss diese Vorhersageunmöglichkeit zu einem haftungsausschließenden Entwicklungsfehler führen. Dies wird auch durch das Urteil des BGH gestützt, der erklärt, dass die nur rein theoretische bestehende Möglichkeit, dass Rechtsgüter anderer verletzt werden, noch keinen Fehler i.S.d. § 3 ProdHaftG begründet[250].

---

[247] *Horner/Kaulartz, S. 11.*
[248] *BGH Urteil vom 5. Februar 2013, Az. VI ZR 1/12, S. 10, RN 15.*
[249] *Wörtlich: „Nichts ist Pflicht bei Unmöglichkeit" i.S.v. „Niemand kann zu unmöglichen verpflichtet werden" (Quelle: eigene Übersetzung).*
[250] *BGH Urteil vom 5. Februar 2013, Az. VI ZR 1/12, S. 10, RN 15.*

(2) Argumentationsalternative 2 (pro Konstruktionsfehler)

Der BGH urteilt in ständiger Rechtsprechung, dass ein Konstruktionsfehler dann gegeben ist, „wenn das Produkt schon seiner Konzeption nach unter dem gebotenen Sicherheitsstandard bleibt, d. h. wenn bereits im Rahmen seiner Entwicklung die Sicherheitsvorkehrungen unterblieben sind, die zur Vermeidung einer Gefahr objektiv erforderlich […] sind"[251].

<u>Gebotener Sicherheitsstandard für das Inverkehrbringen von Produkten</u>
Das Fundament der „Argumentation pro Entwicklungsfehler" ist die Annahme, dass bestimmte mit der Produktnutzung einhergehende Risiken, aufgrund der probabilistischen Natur der Entscheidungsfindung autonomer Systeme nach dem Stand von Wissenschaft und Technik grundsätzlich nicht erkennbar bzw. vermeidbar sind und aus diesem Grund als Entwicklungsfehler gelten müssen.

Dieser Argumentation ist jedoch die Rechtsprechung des BGH entgegenzuhalten, der ausführt: „Sind bestimmte mit der Produktnutzung einhergehende Risiken nach dem maßgeblichen Stand von Wissenschaft und Technik nicht zu vermeiden, ist unter Abwägung von Art und Umfang der Risiken, der Wahrscheinlichkeit ihrer Verwirklichung und des mit dem Produkt verbundenen Nutzens zu prüfen, ob das gefahrträchtige Produkt überhaupt in den Verkehr gebracht werden darf."[252]

---

[251] z. B. BGH Urteil vom 5. Februar 2013, Az. VI ZR 1/12, S. 9 RN 13.
[252] BGH Urteil vom 16. Juni 2009, Az. VI ZR 107/08, S. 9, RN 17.

Wenn die probabilistische Entscheidungsfindung autonomer Systeme im Prinzip zu einem immanenten Entwicklungsfehler führen soll, muss den Ausführungen des BGH folgend auch geprüft werden, ob autonome Systeme aufgrund ihres nicht vorhersagbaren Risikos überhaupt in Verkehr gebracht werden dürfen.

Gruber leitet mit der Ökonomischen Analyse des Rechts eine vergleichbare Position ab: „Wenn daher nur eine Partei überhaupt dazu in der Lage sein sollte, Vorsichtsmaßnahmen zu treffen, so lautet die einfache […] Lösung der ökonomischen Analyse, dass sie auch für etwaige Schäden voll einstehen sollte"[253].

Regelungsgedanke der Produkthaftung
Da die Verschärfung der Produkthaftung[254] zu den Einführungsgründen der Richtlinie 85/374/EWG des Rates der europäischen Gemeinschaften vom 25. Juli 1985 gehört, kann eine Erleichterung dieser Produkthaftung durch einen pauschalen Haftungsausschluss für die probabilistischen Entscheidungen (und deren Konsequenzen) autonomer Systeme aufgrund § 1 Abs. 2 Nr. 5 ProdHaftG, wie ihn die „Argumentation pro Entwicklungsfehler" fordert, nicht dem Regelungsgedanken der Richtlinie und damit dem ProdHaftG entsprechen.[255]

Nur durch die verschärfte Hersteller-Haftung „kann das unserem Zeitalter fortschreitender Technisierung eigene Problem einer

---
[253] *Gruber, S. 133.*
[254] *Einführung einer verschuldensunabhängigen Gefährdungshaftung für Produktfehler.*
[255] *Vergleichbar: Bräutigam/Klindt, S. 87.*

gerechten Zuweisung der mit der modernen technischen Produktion verbundenen Risiken in sachgerechter Weise gelöste werden"[256], ergänzt die Begründung der Richtlinie.

Das immanent unvorhersehbare Risiko der probabilistischen Entscheidungsfindung autonomer Systeme ist somit nicht als Entwicklungsfehler zu werten.

Schlussfolgerung

So wie *Canaris* erklärt: „Die Gefährdungshaftung setzt keine Rechtswidrigkeit voraus [...] sonst müsste einer Beseitigungs- oder Unterlassungsklage gegen die Aufrechterhaltung der Gefahrenquelle stattgegeben werden"[257], so argumentiert der Autor, dass die Risiken, die mit der Entscheidungsfindung autonomer Systeme einhergehen, nicht grundsätzlich als haftungsausschließende Entwicklungsfehler gelten können, sondern haftungsbegründende Konstruktionsfehler sein müssen, da andernfalls einer Beseitigungs- oder Unterlassungsklage gegen die Aufrechterhaltung dieser Gefahrenquelle stattgegeben werden müsste.[258]

(3) Bewertung der Argumentationsalternativen

Basierend auf dem Vorgenannten kommt der Verfasser zu folgendem Ergebnis: Fehler, die aufgrund der probabilistischen Natur der Entscheidungsfindung autonomer Systeme entstehen,

---

[256] *Richtlinie 85/374/EWG des Rates der europäischen Gemeinschaften vom 25. Juli 1985, Begründung.*
[257] *Larenz/Canaris, § 84 I 3a, S. 610.*
[258] *Larenz/Canaris, aaO.*

können nicht (pauschal) als Entwicklungsfehler gelten, für die der Hersteller gemäß § 1 Abs. 2 Nr. 5 ProdHaftG nicht haftet. Dies wäre mit dem Regelungsgedanken des Produkthaftungsgesetzes zu einer verschärften und verschuldensunabhängigen Herstellerhaftung nicht vereinbar und ist daher abzulehnen.

Vielmehr sind solche Fehler grundsätzlich als Konstruktionsfehler[259] und somit als Fehler i.S.d. § 3 Abs. 1 ProdHaftG zu werten, da autonome Systeme sonst der Argumentation von Rechtsprechung[260] und Literatur[261] folgend, als zu gefährlich und somit nicht für den Verkehr geeignet angesehen werden müssen.

Diese Bewertung schließt die Möglichkeit von Entwicklungsfehlern bei autonomen Systemen, also Fehlern die nach dem Stand von Wissenschaft und Technik zum Zeitpunkt des Inverkehrbringens nicht erkennbar waren, nicht grundsätzlich aus. Der Autor bewertet die vorliegenden Argumente jedoch dahingehend, dass die probabilistische Natur der Entscheidungsfindung autonomer Systeme für sich genommen keinen Haftungsausschlussgrund des Herstellers i.S.d. § 1 Abs. 2 Nr. 5 ProdHaftG begründen darf.

Der Verfasser verweist in diesem Zusammenhang auf die Produktgruppe der Arzneimittel, deren Produktrisiken ebenfalls nicht vollumfänglich vorhersehbar sind. Für diese wegen ihrer nicht

---

[259] *Die Entscheidungsfindungsalgorithmen sind Teil der Konstruktion des Produkte und betreffen somit alle hergestellten Einheiten. Daher kann auch kein Fabrikationsfehler vorliegen, der nur einzelne Einheiten betrifft.*
[260] *BGH Urteil vom 16. Juni 2009, Az. VI ZR 107/08, S. 9, RN 17.*
[261] *Larenz/Canaris, § 84 I 3a, S. 610.*

vorhersehbaren tatsächlichen Wirkung im Körper durchaus vergleichbar riskante Produktgruppe, hat der Gesetzgeber besonders strenge Verkehrssicherungspflichten und Zulassungsvoraussetzungen entwickelt. Wenn also für die unvorhersehbar riskanten Arzneimittel gemäß § 24 AMG sogar ein Sachverständigengutachten für eine Zulassung erforderlich ist, gibt es keine dogmatische Erklärung, warum autonome Systeme mit ihrer probabilistischen Entscheidungsfindung, als ähnlich unvorhersehbar riskante Produkte, pauschal von einer Haftung gemäß § 1 Abs. 2 Nr. 5 ProdHaftG befreit sein sollen.

bb) Haftungsausschluss in Interaktionsketten

§ 4 Abs. 1 Satz 1 ProdHaftG fasst als „Hersteller" den Hersteller des Endprodukts und den/die Hersteller von Teilprodukten und den/die Hersteller von Grundstoffen zusammen. Alle Drei unterliegen gegenüber einem Geschädigten den gleichen Haftungsanforderungen, wodurch eine weitere Unterscheidung zwischen ihnen nicht notwendig erscheint[262].

Relevant wird diese Unterscheidung jedoch dadurch, dass § 1 Abs. 3 ProdHaftG den Herstellern von Teilprodukten und Grundstoffen die Möglichkeit eines Haftungsausschlusses bietet, wenn ihnen der Nachweis gelingt, dass der Fehler durch die Konstruktion, Fabrikation oder Instruktion des Endproduktes durch dessen Hersteller entstanden ist und nicht durch ihr Teilprodukt bzw. ihren Grundstoff.[263]

---

[262] *Sprau in Palandt, § 4 ProdHaftG, RN 2.*

Nachfolgend prüft der Autor den Haftungsmaßstab für Hersteller von Teilprodukten, den Haftungsausschluss für Entwicklungsfehler und die Emergenz, in Interaktionsketten.

(1) Haftungsausschluss für Teilprodukte in öffentlichen Interaktionsketten

Der Definition des Autors zufolge[264] ist jedes Mitglied einer öffentlichen Interaktionskette für sich genommen ein eigenständig agierendes System. Es verfügt über eine Aufgabe, hat die für die Erfüllung dieser Aufgabe notwendigen Fähigkeiten und steht der Verwendung durch beliebige autonome Systeme grundsätzlich offen. Als solches ist es ein Endprodukt.

In der Literatur vertreten z. B. *Kirn/Müller-Hengstenberg* die Meinung, dass alle Teilnehmer von Interaktionsketten als (End)produkt i.S.d. § 1 Abs. 1 ProdHaftG und nicht als Teilleistung i.S.d. § 1 Abs. 3 ProdHaftG anzusehen sind[265].

Der Autor vertritt jedoch eine andere Position, da er eine Unterscheidung zwischen den Herstellern von End- und Teilprodukten in Interaktionsketten und den sich daraus ergebenen Konsequenzen für die Produkthaftung als notwendig erachtet (wie er im Verlauf dieser Arbeit noch zeigt). Ihm zufolge gilt: Erfüllt ein autonomes System (A) seine Aufgabe durch Interaktion mit einem autonomen System (B), dann gilt dieses System (B) als ein

---
[263] *Sprau in Palandt, § 1 ProdHaftG, RN 22*
[264] *Kapitel „Interaktionsketten in Multiagentensystemen" auf Seite 28 ff. dieser Arbeit.*
[265] *Kirn/Müller-Hengstenberg, S. 20.*

Teilprodukt von System (A), auch wenn (B) für sich allein betrachtet ein Endprodukt ist.

In dieser simplen Interaktionskette lässt sich das autonome System (A) recht einfach als „Endprodukt" erkennen. Schwieriger wird die Bestimmung des „Endprodukts" jedoch in komplexen und mehrdimensionalen Interaktionsketten, bei denen die „Verantwortung" für das Ergebnis der übertragenen Aufgabe von einem autonomen System an ein anderes System übergeben wird.

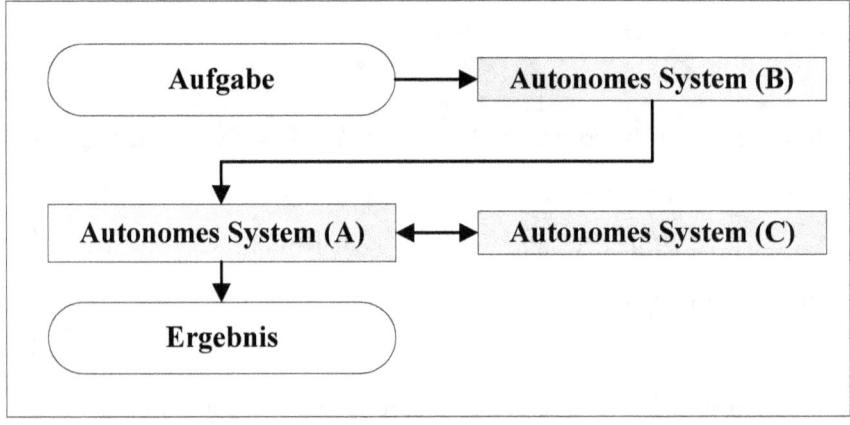

Abbildung 5 - Interaktionskette mit wechselnder Verantwortung eigene Darstellung)

Hier stellt sich die Frage, welches System im Fehlerfall aus Sicht des Anwenders als Endprodukt anzusehen ist. Das ursprünglich beauftragte oder das, das dem Anwender ein Endergebnis liefert bzw. eine Handlung vollzieht?

Aus Sicht des Geschädigten ist die Frage, ob ein fehlerhaftes System Teil- oder Endprodukt ist, von untergeordneter Bedeutung, da beide Hersteller gemäß § 5 Satz 1 ProdHaftG gesamtschuldnerisch haften. Relevant wird diese Frage jedoch für das Verhältnis der Hersteller zueinander, da der Teilprodukthersteller, sofern ihm der entsprechende Entlastungsbeweis gelingt, von der Haftung gemäß § 1 Abs. 3 ProdHaftG befreit ist.

Der Autor vertritt die Auffassung, dass aus der Sicht des Anwenders nur das ursprünglich beauftrage System als Endprodukt gelten kann, da er nur dieses System ausgewählt hat. Die Bestimmung des Systems als „Endprodukt", das dem Anwender ein Ergebnis liefert oder eine Handlung vollzieht, führt vor allem für Hersteller zu großer Rechtsunsicherheit, da insbesondere in Fällen, in denen mehrere Systeme dem Anwender Ergebnisse liefern oder Handlungen vollziehen, die Differenzierung in End- bzw. Teilprodukt u. U. schwierig ist.

Eine solche Rechtsunsicherheit kann aber nicht im Sinne der Richtlinie zur Produkthaftung[266] sein, die bereits in ihrer Begründung ausführt, dass es für eine gerechte Risikoverteilung zwischen Geschädigten und Hersteller auch erforderlich ist, dass der Hersteller von der Haftung befreit wird, „wenn er Beweise für ihn entlastende Umstände beibringt".

---

[266] *Richtlinie 85/374/EWG des Rates der europäischen Gemeinschaften vom 25. Juli 1985.*

Die Begründung der Richtlinie unterscheidet nicht zwischen dem Hersteller des Endprodukts und dem Teilhersteller. Beiden muss also grundsätzlich der Haftungsausschluss möglich sein.

Diese Möglichkeit eines Haftungsausschlusses ist dem Teilhersteller jedoch u. U. verwehrt, wenn sein Status als Teilhersteller nicht oder nur mit großem Aufwand ermittelbar ist.

(2) Haftungsausschluss für Teilprodukte in privaten Interaktionsketten

Private Interaktionsketten sind definierte Gesamtsysteme eines Herstellers, die aus einzelnen autonomen Teilsystemen (ggf. anderer Hersteller) bestehen. Als in Verkehr gebrachtes Produkt, ist dieses Gesamtsystem als Endprodukt im Sinne der Produkthaftung anzusehen.

Wie im vorherigen Unterkapitel dargelegt, vertritt der Autor bei der Frage von Teil- und Endproduktherstellern in Interaktionsketten eine von *Kirn/Müller-Hengstenberg* abweichende Meinung[267], da er eine entsprechende Unterscheidung für notwendig erachtet.

Seiner Auffassung nach gilt, dass die einzelnen Systeme, als Bestandteil des Endprodukts, Teilprodukte sind, die ein Hersteller für die Konstruktion einer privaten Interaktionskette verwendet. Daher steht den Teilprodukte-Herstellern auch die Möglichkeit

---

[267] *Kirn/Müller-Hengstenberg*, S. 20.

eines Haftungsausschluss gemäß § 1 Abs. 3 ProdHaftG zu; sofern ihnen der notwendige Beweis gelingt.

(3) Haftungsausschluss für Interaktionsketten gemäß § 1 Abs. 2 Nr. 5 ProdHaftG

Zur Frage eines Haftungsausschlusses für Interaktionsketten aufgrund § 1 Abs. 2 Nr. 5 ProdHaftG verweist der Autor auf die zuvor bereits geführte Argumentation[268] zur Frage, ob ein aufgrund der probabilistischen Natur der Entscheidungsfindung autonomer Systeme entstandener Schaden grundsätzlich als Entwicklungs- oder Konstruktionsfehler zu werten ist und kommt aus den selben Gründen zu dem Schluss, dass ein grundsätzlicher Haftungsausschluss für Interaktionsketten aufgrund der probabilistischen Entscheidungsfindung ihrer Einzelsysteme nicht mit dem Regelungsgedanken der Produkthaftung[269] vereinbar ist. Der Autor schließt die Möglichkeit eines haftungsausschließenden Entwicklungsfehlers bei Interaktionsketten nicht grundsätzlich aus. Er sieht aber, wie zuvor begründet, keine Möglichkeit einen solchen Haftungsausschluss als Regelfall für probabilistische Entscheidungen innerhalb von Interaktionsketten zu betrachten.

(4) Haftung für Emergenz in Interaktionsketten

„Emergenz" bezeichnet das spontane „Auftauchen von Systemzuständen, die nicht durch die Eigenschaften der beteiligten

---

[268] *Siehe Kapitel „Probabilistische Entscheidungsfindung als haftungsausschließender Entwicklungsfehler i.S.d. § 1 Abs. 2 Nr. 5 ProdHaftG", S. 37 ff.*
[269] *i.S.d. Richtlinie 85/374/EWG des Rates der EG vom 25. Juli 1985 und des ProdHaftG.*

Systemelemente erklärt werden können"²⁷⁰. Dabei sind mit „Systemzuständen" alle Erscheinungsformen neuer Funktionalitäten und Fähigkeiten eines Endproduktes oder seiner Teile zu verstehen. Emergenz kann, muss aber nicht das Ergebnis eines selbstständigen Lernprozesses sein. Es liegt in der Natur der Emergenz, dass ihre mögliche Entstehung und ihr Verlauf für niemanden vorhersehbar sind.

Dadurch unterscheidet sich ihre Unvorhersehbarkeit nach Ansicht des Autors von der nicht konkreten Vorhersagbarkeit probabilistischer Entscheidungsfindungen in autonomen Systemen, die als immanente Funktionalität dem Hersteller zum Zeitpunkt des Inverkehrbringens bekannt ist.

Da Emergenz das spontane Entstehen neuer Fähigkeiten bedeutet, die erst durch das konkrete Zusammenspiel unterschiedlicher autonomer Systeme in Interaktionsketten entsteht, kann die so entstandene emergente Funktion selber nicht bereits zum Zeitpunkt des Inverkehrbringens vorhanden gewesen sein.

Daraus schließt der Autor, dass Hersteller für Schäden, die auf das Auftreten von Emergenz in Interaktionsketten zurückzuführen sind, von einer Haftung aufgrund § 1 Abs. 2 Nr. 2 ProdHaftG befreit sind.

---

[270] *Stein, o. S., Abschnitt 2.1 „Begriff und Definition Emergenz".*

Emergenz ist keine immanente Eigenschaft autonomer Systeme. Wie zuvor dargelegt, ist weder ihr grundsätzliches Auftreten, noch ihr Verlauf für einen Hersteller oder einen sachverständigen Dritten vorhersehbar; d. h. ihre Vorhersehbarkeit kann nicht Stand von Wissenschaft und Technik sein. Daher kommt der Verfasser darüber hinaus zu dem Ergebnis, dass Emergenz einem Entwicklungsfehler gleichzustellen ist, wodurch sich zusätzlich auch ein Ausschluss der Haftung des Herstellers gemäß § 1 Abs. 2 Nr. 5 ProdHaftG ergibt. Dasselbe gilt nach Meinung des Autors auch für Fehler durch emergente Funktionen, die durch das Zusammenwirken verschiedener Interaktionsketten miteinander entstehen.

Bei der Betrachtung der Emergenz ist jedoch zu berücksichtigen, dass der Hersteller ein „gefährliches Produkt" hergestellt hat, das – geplant oder nicht – grundsätzlich in der Lage war emergente Funktionen zu entwickeln, die ein potenzielles Schadensrisiko darstellen. Als Konsequenz des Haftungsausschlusses der Hersteller gemäß §§ 1 Abs. 2 Nr. 2, 5 ProdHaftG fordert der Autor daher, dass Hersteller autonomer Systeme für Emergenz in Interaktionsketten höheren Sicherungs- und Produktüberwachungspflichten unterliegen, als Hersteller einzelagierender oder nicht-autonomer Systeme.[271] Dies gilt um so mehr für Hersteller privater Interaktionsketten, die deren Zusammensetzung i.d.R. exklusiv kontrollieren.

---

[271] *Die Konkretisierung der durch den Autor geforderten Verkehrspflichten erfolgt in späteren Verlauf der Arbeit.*

cc) Haftungsausschluss für fehlerauslösendes selbstständiges Lernen im Rahmen ordnungsgemäßer Verwendung autonomer Systeme

Bei der Betrachtung der Haftung für autonome Systeme stand in dieser Arbeit bisher vor allem die probabilistische Natur ihrer Entscheidungsfindung im Fokus der Untersuchung. Hierbei handelte es sich um eine statische Betrachtung, ohne Berücksichtigung der Fähigkeit autonomer Systeme zum selbstständigen Lernen. Die Fähigkeiten des Selbstlernens, die nicht nur im Sinne eines „sich selbst optimierens", sondern vor allem im Sinne von „sich selbst verändern" zu verstehen sind, ist das nächste unbekannte Gewässer, das die Rechtsordnung für einen erfolgreichen Einsatz autonomer Systeme durchdringen muss.

Es ist eine immanente Eigenschaft selbstlernender Systeme, dass der Lernprozess ihren Systemzustand gegenüber dem Zustand zum Zeitpunkt des Inverkehrbringens, verändert. Neue gelernte Fähigkeiten und erlangtes Wissen erweitern die Systemausstattung, die der Hersteller ursprünglich für sein Produkt gewählt hat und können bewirken, dass sich das System auch außerhalb des vom Hersteller gewählten Produktsicherheitsniveaus bewegt.

Da sich dadurch der Zustand des Systems zwischen Inverkehrbringen und Schadenseintritt verändert, ergibt sich die grundsätzliche Frage, ob ein Produkt fehlerfrei sein kann, wenn es die schadensauslösende Eigenschaft zum Zeitpunkt des

Inverkehrbringens nicht aufwies, aber aufgrund seiner Fähigkeiten in der Lage war, diese Eigenschaft zu erlernen?[272]

Diese Überlegung führt zu einer in der Literatur bisher noch nicht beantworteten Frage: Liegt der Fehler in der schadensauslösenden erlernten Eigenschaft oder ist er in der Selbstlernfähigkeit des autonomen Systems an sich begründet?

Wenn der Fehler in der Selbstlernfähigkeit autonomer Systeme an sich begründet ist, muss es sich hierbei um einen Konstruktionsfehler handeln, da der Hersteller diese Selbstlernfähigkeit für die Konstruktion des Systems gewählt hat, für alle entsprechenden Produkte verwendet und die Fähigkeit bei Inverkehrbringen bereits vorlag.[273]

Wie zu Beginn dieses Kapitels gezeigt, erfolgt das Selbstlernen autonomer Systeme durch den Austausch des Systems mit seiner individuellen Umwelt. Dadurch ist auch der Lernprozess ein individueller Prozess, der für jedes System anders verläuft. Verursacht ein autonomes System ein Schadensereignis aufgrund seines individuell erlernten Wissens, bzw. einer individuell erlernten Fähigkeit, so ist prinzipiell nur dieses einzelne Produkt u. U. fehlerhaft. Wenn aber nur einzelne Produkte fehlerhaft sind, kann nach Auffassung des Autors kein Konstruktionsfehler vorliegen, der grundsätzlich alle Produkte einer Serie betrifft.[274]

---
[272] *Müller, S. 598.*
[273] *Sprau in Palandt, § 1 ProdHaftG, RN 17.*
[274] *Sprau in Palandt, § 3 ProdHaftG, RN 8.*

Aus dem Vorgenannten schließt der Autor, dass der Fehler für fehlerauslösendes selbständiges Lernen in der nach dem Inverkehrbringen erlernten schadensauslösenden Eigenschaft liegt und nicht in der Selbstlernfähigkeit autonomer System an sich begründet ist.

Nur der Hersteller hat im Regelfall die Macht, über die grundsätzlichen Handlungsfelder eines autonomen Systems zu entscheiden. Nur er wählt die Systemausstattung und den Umfang der Selbstlernfähigkeiten aus. Nur er bestimmt i.d.R. welches Sicherheitsniveau er für vertretbar hält. Dabei kommt es nicht darauf an, ob der Hersteller die Folgen dieser „Macht" subjektiv erkennt, da es für die Frage eines Produktfehlers auf die objektiven Sicherheitsanforderungen ankommt, die der jeweilige Verkehrskreis erwartet.[275]

Diese rein herstellerzentrierte Betrachtung lässt durchaus auf eine umfassende, verschuldensunabhängige Herstellerhaftung für autonome Systeme schließen.[276]

Dem Verfasser erscheint eine umfassende, verschuldensunabhängige Herstellerhaftung in Fällen, in denen der Einfluss des Benutzers auf die Entwicklung des Systems nach dessen Inverkehrbringen entscheidend an der Entstehung des

---

[275] *BGH Urteil vom 16. Juni 2009, Az. VI ZR 107/08, S. 6, RN 12.*
[276] *Gruber, S. 133, mit Bezug auf die ökonomische Analyse des Rechts.*

Schadens mitgewirkt hat, als problematisch und zu weitreichend; eine Meinung, die sich auch in der Literatur widerspiegelt.[277]

Ein haftungsreduzierendes Mitverschulden des Anwenders i.S.d. § 254 BGB schließt der Autor jedoch ebenfalls aus, da der Anwender i.d.R. keinen konkreten Einfluss auf die Selbstlernfunktionalität des Systems hat.[278] Dies gilt umso mehr, wenn das Lernen im Rahmen der ordnungsgemäßen Benutzung durch den berechtigten Anwender erfolgt, denn der Umfang der Selbstlernfunktionalität ist Ausprägung der jeweiligen Entwicklung und Konstruktion des autonomen Systems durch dessen Hersteller.

Somit ergibt sich ein Dilemma. Einerseits sollte der Hersteller für „Veränderungen am Produkt" nach dessen Inverkehrbringen nicht haften, andererseits ist ein Mitverschulden des Anwenders i.S.d. § 254 BGB für diese Veränderungen in der Regel auszuschließen.

Dieses Dilemma versucht der Verfasser mithilfe einer Untersuchung des § 1 Abs. 2 Nr. 2 ProdHaftG anhand der vier Canones zur Auslegung von Gesetzten nach *Savigny*[279] zu lösen. § 1 Abs. 2 Nr. 2 ProdHaftG bestimmt: „(Die Ersatzpflicht des Herstellers ist ausgeschlossen, wenn) nach den Umständen davon

---

[277] *Müller, S. 599 f.; Bräutigam/Klindt, S. 87; Beck, S. 127.*
[278] *Die in der Literatur diskutierte Möglichkeit (z. B. Horner/Kaulartz, S. 12), Gefahren autonomer Systeme u. U. als „Betriebsgefahr" des Anwenders zu zählen, die ein Mitverschulden i.S.d. § 254 BGB auslösen kann, ist aufgrund der Umfangsbeschränkung dieser Arbeit nicht Gegenstand der Untersuchung.*
[279] *Savigny, Friedrich Carl von, 1779 – 1861, deutscher Jurist (Quelle: Lahusen, o. S.; Creifelds, S. 1060).*

auszugehen ist, dass das Produkt den Fehler, der den Schaden verursacht hat, noch nicht hatte, als der Hersteller es in den Verkehr brachte."

Grammatische Auslegung

Entstand die schadensauslösende Eigenschaft des Produkt erst durch den selbstständigen Lernprozess des autonomen Systems während der Benutzung durch den Anwender, dann konnte der Fehler zum Zeitpunkt des Inverkehrbringens auch noch nicht vorgelegen haben. Eine Haftung des Herstellers erscheint somit ausgeschlossen.

Systematische Auslegung

§ 1 Abs. 2 Nr. 1-5 ProdHaftG definieren die Spezialfälle des Haftungsausschlusses der Produkthaftung. Hier ordnet sich § 1 Abs. 2 Nr. 2 ProdHaftG mit dem Ziel ein, dass der Hersteller trotz eines Fehlers dann nicht haften soll, wenn er das Produkt fehlerfrei ausgeliefert hat und der Fehler erst nachträglich (somit regelmäßig in der Verantwortung des Anwenders) entstanden ist. Dies ist hier der Fall.

Historische Auslegung

Die Vorstellung, dass Hersteller für Produktfehler dann nicht haften, wenn diese Fehler erst nach Inverkehrbringen des Produkts auftreten, war schon vor Einführung des ProdHaftG ein gefestigtes Prinzip der Rechtsprechung.[280] Im Rahmen der deliktischen Produkthaftung gemäß § 823 BGB verstößt der Hersteller gegen

---

[280] *BT-Drs.11/2447, S. 7 f.*

seine Verkehrspflichten, wenn er ein fehlerhaftes Produkt in Verkehr bringt. Er ist aber von einer Haftung befreit, wenn das Produkt bei Inverkehrbringen fehlerfrei war und der Fehler erst im späteren Verlauf auftritt. Das ProdHaftG formalisiert diesen durch die Rechtsprechung etablierten Haftungsausschluss des Herstellers in § 1 Abs. 2 Nr. 2 ProdHaftG. Da der durch die Selbstlernfunktion entstehende Fehler zum Zeitpunkt des Inverkehrbringens noch nicht vorlag, hat der Hersteller auch nicht gegen seine Verkehrspflichten verstoßen. Aus der historischen Auslegung folgt, dass der Hersteller für den Fehler gemäß § 1 Abs. 2 Nr. 2 ProdHaftG nicht haftet.

Teleologische Auslegung
Wie in der Begründung der Produkthaftungsrichtlinie[281] aufgeführt, erfordert eine gerechte Verteilung der Risiken zwischen Hersteller und Geschädigtem auch die Möglichkeit, dass sich der Hersteller von der Haftung befreien kann, wenn er die Beweise für ihn entlastende Umstände erbringt. Somit darf das Gesetz dem Hersteller keine unüberwindbaren Hürden aufstellen, die einen Haftungsausschluss verhindern. Lag der schadensauslösende Fehler zum Zeitpunkt des Inverkehrbringens nicht vor, muss dem Hersteller grundsätzlich die Möglichkeit eines Haftungsausschluss gemäß § 1 Abs. 2 Nr. 2 ProdHaftG offen stehen.

Diese Ansicht wird auch durch das Urteil des BGH gestützt, in dem dieser erklärt, dass die nur rein theoretische bestehende Möglichkeit,

---

[281] *Richtlinie 85/374/EWG des Rates der europäischen Gemeinschaften vom 25. Juli 1985.*

dass Rechtsgüter anderer verletzt werden, noch keinen Fehler i.S.d. § 3 ProdHaftG begründet[282]. Daraus folgt der Autor, dass die rein theoretisch bestehende Möglichkeit, dass die Fähigkeit zum selbstständigen Lernens autonomer Systeme nach Inverkehrbringens einen Produktfehler entstehen lässt, einem Haftungsausschluss des Herstellers gemäß § 1 Abs. 2 Nr. 2 ProdHaftG nicht entgegensteht.

Basierend auf der Untersuchung dieser verschiedenen Auslegungsmöglichkeiten kommt der Autor zu folgendem Ergebnis: Da der Fehler im Falle von fehlerauslösenden Selbstlernen erst nach Inverkehrbringen des autonomen Systems entsteht, sind Hersteller dieser Systeme in Fällen fehlerauslösenden selbstständigen Lernen im Rahmen ordnungsgemäßer Verwendung der Systeme durch berechtigte Anwender gemäß §§ 1 Abs. 2 Nr. 2 ProdHaftG von der Haftung befreit.

Da Hersteller, wie gezeigt, keinen unmittelbaren Einfluss auf die Selbstlernfunktion eines autonomen Systems haben, ist es ihnen – und auch sachverständigen Dritten - nicht möglich, den Verlauf oder Umfang des Selbstlernens vorherzusehen. Mithin liegt eine Vorhersehbarkeit des Selbstlernens außerhalb des Standes von Wissenschaft und Technik und begründet darüber hinaus einen Haftungsausschluss gemäß § 1 Abs. 2 Nr. 5 ProdHaftG.
Diese Möglichkeiten eines Haftungsausschlusses gemäß §§ 1 Abs. 2 Nr. 2, 5 ProdHaftG müssen nach Ansicht des Autors zwangsläufig

---

[282] *BGH Urteil vom 5. Februar 2013, Az. VI ZR 1/12, S. 10, RN 15.*

zu umfangreicheren Verkehrssicherungspflichten führen, wie z. B. strengere Produktüberwachungspflichten, wonach Hersteller auch Art und Umfang des möglichen selbstständigen Lernens ihrer Systeme regelmäßig überprüfen müssen und ggf. nachträgliche Warninformationen zu veröffentlichen haben.

IV. Zwischenergebnis

In wenigen Jahren übernehmen autonome Systeme z. B. als selbstfahrende Autos, Seniorenbetreuer oder „Kollegen" im Produktionsumfeld regelmäßig Verantwortung für die Unversehrtheit von Menschen. Aus diesem wachsenden Einsatz autonomer Systeme entstehen neue Rechtsfragen, mit denen sich Gesetzgebung und Rechtsprechung bisher noch nicht auseinandergesetzt haben, deren Beantwortung jedoch für eine erfolgreiche Integration autonomer Systeme in die Gesellschaft erforderlich sind.

Nach Auffassung des Autors gehören zu diesen Rechtsfragen vordringlich die Bewertung der probabilistischen Entscheidungsfindung autonomer Systeme, die Haftungsverteilung und Emergenz in Interaktionsketten sowie die Beurteilung fehlerauslösenden Selbstlernens. Der Autor hat dabei gezeigt, dass die in Deutschland geltende Rechtsordnung de lege lata in der Lage ist, den technologischen Herausforderungen des 21. Jahrhunderts zu begegnen.[283]

---

[283] *Bräutigam/Klindt, S. 85; vergleichbar Kirn/Müller-Hengstenberg, S. 21; BFT (A), S. 5; Horner/Kaulartz, S. 14.*

Die Untersuchung des Verfassers hat auch gezeigt, dass zur Eingrenzung von Emergenz in Interaktionsketten und fehlerauslösendem Selbstlernen, Hersteller autonomer Systeme erhöhten Sicherungsanforderungen unterliegen.[284]

Zu diesen zusätzlichen Verkehrssicherungspflichten für autonome Systeme müssen nach Auffassung des Autors auch umfangreiche Simulationen gehören, die, ähnlich den Sachverständigengutachten des § 24 AMG, dem Verkehr ein Mindestmaß an Sicherheit bieten. Auch erhöht sich so die Produktsicherheit in Bezug auf die probabilistische Entscheidungsfindung des Systems, denn je mehr mögliche Entscheidungsvarianten die Simulation erfasst, desto besser kann ein Hersteller den Entscheidungsprozess einschätzen.

Die Definition adäquater Sicherheitsstandards und die gutachterliche Beurteilung der Umsetzung dieser Standards in der Praxis, setzt darüber hinaus umfangreiches technisches Fachwissen auf Seiten der Bundesbehörden voraus. Der Autor empfiehlt daher dieses Wissen im Referat B 25 (Mindeststandards und Produktsicherheit) des BSI zu bündeln.

Die Meinung des Autors, wonach die Rechtsordnung de lege lata die durch den Einsatz autonomer Systeme aufkommenden Rechtsfragen lösen kann, ist in der Literatur jedoch umstritten. So argumentiert z. B. *Gruber*, dass eine Risikoassoziation mit gemeinsamer Haftung von Hersteller und Anwender (ggf. mit festen

---

[284] *Horner/Kaulartz*, S. 7-9,11-12.

Haftungsquoten) oder eine erweiterte Rechtssubjektivität autonomer Systeme den herrschenden Regelungen vorzuziehen ist.[285]

Auch zeigt eine Studie von BDI und Noerr LLP, dass deutsche „Unternehmen (mit Ausnahme des Arbeitsrechts) bei sämtlichen Rechtsfragen der Digitalisierung die EU-Gesetzgebung gegenüber nationalen Alleingängen favorisieren."[286] Eine europäische Lösung ziehen sie auch der richterlichen Rechtsfortbildung und freiwilligen Selbstkontrollen vor.[287]

Gesetzliche Regelungen sind auch nach Auffassung des Autors zu bevorzugen, da sie dem Prinzip der Gewaltenteilung entsprechen und - idealerweise - das Ergebnis parlamentarischer Diskussion und somit Ausdruck eines gesellschaftlichen Diskurses sind.

Der Verfasser kann sich daher dieser Forderung nach einheitlicher europäischer Gesetzgebung grundsätzlich anschließen. In Ermangelung einer einheitlichen europäischen Zivilrechtsdogmatik und den daher weiterhin bestehenden unterschiedlichen dogmatischen Anforderungen der nationalen Haftungsregelungen, kommt er jedoch zu dem Schluss, dass sich eine europäische Lösung, die die Haftungsfragen umfassend, d. h. sowohl deliktsrechtlich, als auch produkthaftungsrechtlich regeln, kurzfristig nicht realisieren lässt. Aus diesem Grund zieht er daher eine nationalstaatliche Lösung dem Warten auf eine europäische

---
[285] *Gruber, S. 156.*
[286] *Plöger et. al., S. 9; Gruber, S. 147, „lieber gesetzliche Regelungen als zersplitternder Rechtsprechung".*
[287] *Plöger et. al., S. 11.*

Gesamtlösung vor.

C. Alternative Haftungsansätze – de lege ferenda

Die technologischen Besonderheiten autonomer Systeme, vor allem ihre sich Vorhersagen entziehende probabilistische Entscheidungsfindung, haben auch alternative Ansätze zur Haftung in die juristische Diskussion eingeführt[288]. Hierzu gehören z. B. die mögliche Betrachtung autonomer Systeme analog der Verrichtungsgehilfen (§ 831 BGB) oder der Tierhalterhaftung (§ 833 BGB) oder auch die Einführung einer eigenen Rechtspersönlichkeit für autonome Systeme, der sogenannten „ePerson".

Diese alternativen Haftungsansätze, die Gegenstand der Untersuchung in diesem Kapitel sind, betreffen vordringlich die Haftung des Eigentümers, Besitzers oder Anwenders autonomer Systeme und nicht die Haftung der Hersteller im Sinne der Produkthaftung; auch wenn sie auf Letztere teilweise unmittelbaren Einfluss haben.

I. Autonome Systeme als Verrichtungsgehilfen

Gemäß § 831 BGB haftet der Geschäftsherr für Schäden, die sein Verrichtungsgehilfe bei einem Dritten verursacht. Ein Verschulden des Gehilfen ist dabei nicht erforderlich. Der Haftungsanspruch richtet sich gegen den Geschäftsherrn aufgrund dessen vermuteten Auswahl-, Ausstattungs- oder Überwachungsverschuldens[289].

---

[288] *z. B. Gruber; Beck; Müller; Plöger et. al.; Kirn/Müller-Hengstenberg; Bräutigam/Klindt; alle aaO.*
[289] *Sprau in Palandt, § 831 BGB, RN 1; Teichmann in Jauernig, § 831, RN 1; Wandt, S. 382 RN 1.*

Der Geschäftsherr hat jedoch die Möglichkeit sich von der Haftung zu exkulpieren, wenn er nachweist, dass ihn kein Auswahl-, Ausstattungs- oder Überwachungsverschuldens trifft, bzw. das keine haftungsauslösende Kausalität vorliegt.[290]

Müller argumentiert, dass „ein Schuldner, der einen Gehilfen gegen eine Maschine austauscht und damit die Kosten der Arbeit gegen die Kosten der Maschine tauscht, auch das Risiko, dass der Gehilfe versagt, gegen das Risiko das die Maschine versagt, tauscht"[291] und begründet so, dass autonome Systeme als Verrichtungsgehilfen zu betrachten sind.

Dies ist nach derzeitiger Rechtslage jedoch nicht möglich, da, wie zuvor gezeigt, autonome Systeme Sachen sind oder als Sachen behandelt werden, während § 831 BGB nur auf Personen anwendbar ist.[292]

Der Versuch autonome Systeme als Verrichtungsgehilfe zu betrachten, erfordert entweder eine Erweiterung des Anwendungsbereichs des § 831 BGB auf Sachen oder die Zuweisung von Rechtssubjekteigenschaften auf autonome Systeme, um sie als Person zu werten.

---

[290] *Erläuterungen zur Exkulpation finden sich auch in Kapitel A.II.4.a)bb) auf S. 16 ff. dieser Arbeit.*
[291] *Müller, S. 600, FN 64.*
[292] *Heinrichs in Palandt, § 831 BGB, RN 1-3. Verrichtungsgehilfen sind Hilfspersonen.*

Eine Erweiterung des Anwendungsbereichs des § 831 BGB auf Sachen hebt die Trennung zwischen Schuldrecht und Sachenrecht auf und steht somit im Widerspruch zur Dogmatik des Zivilrechts in Deutschland. Hauptaufgabe des Schuldrechts sind die Regelung des rechtsgeschäftlichen Verkehrs[293] und der gesetzlichen Schuldverhältnisse. Im Gegensatz dazu ordnet das Sachenrecht Sachen bestimmten Personen zu.[294] Diese Zuordnung ist jedoch im Sinne von Eigentum, Besitz oder Verfügungsgewallt an Sachen zu sehen[295] und nicht im Sinne einer Zuordnung von Handlungen.

Der Verfasser lehnt eine Erweiterung des Anwendungsbereichs des § 831 BGB auf Sachen ab, da eine solche dogmatische Verstümmelung des Rechts seiner Auffassung nach nicht im Sinne eines geordneten Rechtssystems sein kann.

Einem möglichen Argument, dass auch Tiere als „Sachen" Träger bestimmter Rechte sind (z. B. gemäß Tierschutzgesetz) und somit die Trennung zwischen Schuld- und Sachenrecht bereits durchbrochen ist, hält der Autor die Formulierung des § 90a BGB entgegen, wonach Tiere gerade keine „Sachen" sind, sondern nur als Solche zu behandeln sein. Diese Regelung folgt aus der Verantwortung des Menschen gegenüber seinen Mitlebewesen.[296]

---

[293] *Heinrichs in Palandt, Einleitung vor § 241 BGB, RN 1.*
[294] *Bassenge in Palandt, Einleitung vor § 854 BGB, RN 1.*
[295] *Bassenge in Palandt, Einleitung vor § 854 BGB, RN 2.*
[296] *Ellenberger in Palandt, § 90a, RN 1.*

Eine alternative Zuweisung von Rechtssubjekteigenschaften auf autonome Systeme, mit dem Ziel sie § 831 BGB zu unterwerfen, zwingt seinerseits zu einer Erweiterung des zivilrechtlichen Personenbegriffs und zur Einführung einer sogenannten „ePerson" oder „künstlichen Person", die Gegenstand der Untersuchung des nachfolgenden Unterkapitels ist.

II. Autonome Systeme als künstliche Personen

De lege lata werden Rechte und Pflichten von Maschinen nur im Kontext mit elektronischen Agenten, die Vertragsabschlüsse tätigen, diskutiert.[297] Auch weist ihre Behandlung durch die Rechtsprechung keine einheitliche Linie auf. Sie werden teilweise Boten gleichgestellt oder als Vertreter einer handelnden Person betrachtet.[298]

Eine Erweiterung des zivilrechtlichen Personenbegriffs um die „ePerson" als neuer Personentyp für autonome Systeme ist nach Ansicht des Autors durchaus mit der Dogmatik des deutschen Zivilrechts vereinbar. Schon die juristische Person stellt eine „Kunstschöpfung der Rechtsordnung"[299] dar, die der Gesetzgeber rechtlich den natürlichen Personen gleichstellt. Juristische Personen handeln durch ihre Organe, während autonome Systeme selber handeln. Beide sind jedoch für ihr Handeln auf natürliche Personen angewiesen.[300]

---

[297] *Beck, S. 135.*
[298] *Beck, S. 135.*
[299] *Klunzinger, S. 35.*
[300] *Autonome Systeme werden zumindest einmal durch eine natürliche Person gestartet, bzw. aktiviert.*

Ein wesentlicher Aspekt juristischer Personen ist auch das Haftkapital, über das sie verfügen. Je nach Rechtsform haften sie mit eigenem Vermögen oder ermöglichen den Zugriff auf das Vermögen ihrer Gesellschafter, um für mögliche Schäden einzustehen. Autonome Systeme verfügen über kein solches „Haftkapital", was nach Ansicht des Verfassers einer möglichen Analogie der „ePerson" zur juristischen Person entgegensteht.

Eine Statusänderung autonomer Systeme hin zur „ePerson" muss nach Ansicht des Autors auch für alle Rechtsgebiete gelten, da es mit der Rechtsordnung unvereinbar erscheint, wären autonome Systeme gleichzeitig „Sache" und „Person". Autonome Systeme müssen daher entweder eine Sache oder eine Person sein.

Auch wenn der Verfasser die Einführung einer „ePerson" für möglich hält, steht er ihr jedoch grundsätzlich skeptisch gegenüber. Neben vielen noch ungeklärten Konsequenzen einer „ePerson" aus z. B. handelsrechtlicher oder strafrechtlicher Sicht, hat eine „ePerson" auch unmittelbaren Einfluss auf das in dieser Arbeit vertieft betrachtete Produkthaftungsrecht.

Sind autonome Systeme als „ePerson" keine „Sache" mehr, können sie auch nicht mehr als „Produkt" den Gefährdungshaftungsmaßstäben des ProdHaftG unterliegen. Dies ist jedoch mit dem Verbraucherschutzgedanken der Richtlinie 85/374/EWG des Rates der europäischen Gemeinschaften vom 25. Juli 1985 („Produkthaftungsrichtlinie") unvereinbar, die die

Einführung einer Gefährdungshaftung für gefährliche Produkte explizit fordert[301].

EU-Richtlinien entfalten zwar, anders als EU-Verordnungen, kein unmittelbar geltendes Recht in den EU-Mitgliedsstaaten, doch folgt aus Art. 288 AEUV, dass sie hinsichtlich des zu erreichenden Ziels für alle Mitgliedsstaaten verbindlich sind.

Die Zuweisung eines Personenstatus auf autonome Systeme entzieht diese der Zielsetzung der Produkthaftungsrichtlinie und steht somit im direkten Widerspruch zu geltendem Recht.

III. Autonome Systeme analog der Tierhalterhaftung

Wie zuvor gezeigt, ist § 90a BGB kein Beispiel dafür, dass die dogmatische Trennung zwischen Schuld- und Sachenrecht bereits aufgebrochen ist. Dennoch kann sich aus der Haftung des Tierhalters eine mögliche analoge Anwendung auf autonome Systeme erschließen. Diese Möglichkeit wird vereinzelt auch in der Literatur diskutiert.[302]

Tiere und autonome Systeme haben gewisse Gemeinsamkeiten. Tiere sind, wie (bestimmte) autonome Systeme, keine Sachen[303], sind aber als solche zu behandeln. Beide sind trainierbar, bzw. können aus Erfahrungen lernen und gelerntes Wissen anwenden. Sie

---

[301] *Richtlinie 85/374/EWG des Rates der europäischen Gemeinschaften vom 25. Juli 1985, Begründung, S. 1.*
[302] *z. B. Beck, S. 134 ff; Müller, S. 602 f.*
[303] *Für Tiere folgt dies aus § 90a BGB, für Software Agenten verweist der Autor auf FN 225 in dieser Arbeit.*

sind aber auch beide trotz allen Trainings und aller Sorgfalt nicht vollständig beherrschbar und es ist nicht ausgeschlossen, dass sie u. U. ein gefährliches Verhalten zeigen.[304]

Die Tierhalterhaftung gemäß § 833 Satz 1 BGB bestimmt, „[…] (wird) durch ein Tier ein Mensch getötet oder der Körper oder die Gesundheit eines Menschen verletzt oder eine Sache beschädigt, so ist derjenige, welcher das Tier hält, verpflichtet, dem Verletzten den daraus entstehenden Schaden zu ersetzen." Der Grund für diese Form der Gefährdungshaftung liegt vor allem in der „Unberechenbarkeit tierischen Verhaltens"[305].

Gemäß § 833 Satz 2 BGB ist die Haftung des Halter von Nutztieren in Fällen, in denen er nachweisen kann, dass er seine Sorgfaltspflichten erfüllt hat oder „[…] dass der Schaden auch bei Anwendung dieser Sorgfalt[…] entstanden sein würde"[306], ausgeschlossen.

Die vom Gesetzgeber getroffene Unterscheidung zwischen "Luxus"-Tieren (Satz 1) und Nutztieren (Satz 2) bietet u. U. auch Raum für eine analoge Anwendung des § 833 BGB auf autonome Systeme.[307] So ließe sich z. B. die Haftung im Verkehr zwischen

---

[304] Müller, S. 603, vergleichbar: Horner/Kaulartz, S. 13.
[305] Sprau in Palandt, § 833 BGB, RN 1.
[306] § 833 Satz 2 BGB.
[307] Eine Analogie kommt dann in Betracht, wenn die „Interessenlage vergleichbar" ist und das Fehlen einer passenden Rechtsnorm eine „planwidrige Regelungslücke" darstellt. Eine Regelungslücke ergibt sich daraus, das keine einschlägigen Vorschriften für autonome Systeme existieren. Die vergleichbare Interessenlage ist Gegenstand der Prüfung in diesem Unterkapitel.

Unternehmern und Verbrauchern, den sogenannten „B2C-Geschäften" die Gefährdungshaftungsvorschrift des § 833 Satz 1 BGB analog anwenden, während im Verkehr zwischen Unternehmern (sog. „B2B-Geschäfte") die Haftung für vermutetes Verschulden des § 833 Satz 2 BGB analoge Anwendung finden kann.

Eine solche Unterscheidung zwischen B2B- und B2C-Geschäften ist auch dem BGB nicht fremd. Der Autor verweist z. B. auf § 310 Abs. 3 BGB, der bei Anwendung der AGB rechtlichen Vorschriften zwischen Verbrauchern und Unternehmern unterscheidet.

Gegen eine mögliche analoge Anwendung der Tierhalterhaftung auf autonome Systeme wendet sich *Müller*[308] mit Verweis auf „die Unelastizität des Tierbegriffs" und führt weiterhin aus, dass „insbesondere durch diese Analogie, der Besonderheit der Delegation von Aufgaben an einen robotischen Agenten nicht Rechnung getragen (wird)".

Diese „Unelastizität des Tierbegriffs", die sich auch in der „im Tierschutzrecht verankerten Anschauung, dass das Tier ein Mitgeschöpf des Menschen und ein schmerzempfindliches Lebewesen ist"[309] wiederspiegelt und der Umstand, dass es sich bei der Tierhalterhaftung selber bereits um ein Sondergesetz handelt[310],

---

[308] *Müller, S. 603.*
[309] *BT-Drs. 11/5463 vom 25. Oktober 1989 zum „Entwurf eines Gesetzes zur Verbesserung der Rechtsstellung des Tieres im bürgerlichen Recht", S. 1, Zielsetzung. Hieraus leitet sich aus eine Definition des „Tier" als „schmerzempfindliches Lebewesen" ab.*
[310] *Gruber/Bung/Ziemann, S. 168; Sprau in Palandt, § 833 BGB, RN 1 und RN 4*

stehen nach Ansicht des Verfassers einer analogen Anwendung des
§ 833 BGB auf autonome Systeme entgegen.[311]

Ein weiterer analogieverhindernder Unterschied zwischen Tieren
und autonomen Systemen ist der „Ein/Aus Schalter", über den
autonome Systeme, zumindest im Idealfall verfügen (sollten). Tiere
können hingegen nicht „ausgeschaltet" werden. Sie sind während
ihrer gesamten Lebensspanne „aktiviert". Die von Tieren
ausgehende Gefahr ist somit immanent permanent, während
autonome Systeme nur während ihres Betriebs eine unmittelbare (in
Art und Umfang ggf. unbekannte) Gefahr ausstrahlen.[312]

IV. Bewertung der alternativen Haftungsansätze

Die Fragen der Haftung autonomer Systeme sind das *Terra incognita*[313]
der heutigen Rechtsordnung. Weder hat sich der Gesetzgeber in
Deutschland mit diesem Thema befasst, noch lagen der
Rechtsprechung bisher entsprechende Fälle vor, aus denen sich eine
klarstellende Bewertungen ableiten lies.

Um die sich hieraus ergebene rechtswissenschaftlichen Lücken zu
schließen, versuchen alternativen Ansätze die technischen
Besonderheiten autonomer Systeme bei der Frage ihrer Haftung

(Definition „Tier").
[311] *Horner/Kaulartz, S. 13, verweisen auch auf den fehlenden „Tierhersteller" als
Analogieverhinderung.*
[312] *Situationen, in denen z. B. ein deaktiviertes oder defektes autonomes System ein physisches
Hindernis für Andere darstellt, sowie „weiterfressende" und weiter wirkende Schäden sind für
eine dogmatische Betrachtung nicht relevant und daher nicht Gegenstand der Untersuchung.*
[313] *Terra incognita = unbekanntes Land, fremdes Wissensgebiet (Quelle: DWFWB, S. 537).*

besonders zu berücksichtigen. Der Verfasser hat diese alternativen Haftungsansätze untersucht und kommt dabei zu folgendem Prüfungsergebnis:

Autonome Systeme sind nicht den Verrichtungsgehilfen i.S.d. § 831 BGB gleichzustellen. Eine solche Gleichstellung führt, durch ihre z. T. erfolgende Gleichstellung von Sachen und Personen, zu einem Aufbrechen der dogmatischen Trennung zwischen Schuldrecht und Sachenrecht, was nach Auffassung des Autors nicht mit der Rechtsordnung in Deutschland vereinbar ist.

Der alternative Ansatz der „ePerson" führt nicht nur zu vielen heute noch ungeklärten Konsequenzen in anderen Rechtsgebieten, sondern entzieht letztendlich auch autonome Systeme in rechtswidriger Weise der Produkthaftung des ProdHaftG. Darüber hinaus hat eine „ePerson" auch kein Haftkapital, über das z. B. juristische Personen verfügen.

Aus diesem Grund teilt der Verfasser die Auffassung von *Plöger* et. al., wonach „vor diesem Hintergrund die Einführung einer neuen *ePerson* als originäres Haftungssubjekt für intelligente Systeme nicht geboten (erscheint)."[314]

Der Autor geht jedoch auch davon aus, dass sich mit der zunehmenden technischen Entwicklung, vor allem auf dem Gebiet der künstlichen Intelligenz, die mögliche Frage einer „ePerson", d.

---

[314] *Plöger et. al.*, S. 14; vergleichbar *Müller*, S. 604.

h. die zumindest teilweise Zuweisung von Rechtssubjektivität auf autonome Systeme, in den Vordergrund der juristischen Diskussion drängt. Wie *Horner/Kaulartz*[315] ist allerdings auch der Verfasser der Meinung, das Konzepte einer „ePerson", die weder ein Haftkapital, noch eine Haftpflichtversicherungspflicht vorsehen, grundsätzlich nicht mit dem Haftungsgedanken für Personen vereinbar erscheinen und daher abzulehnen sind.

Die Prüfung des dritten alternativen Ansatzes, der analogen Anwendung der Tierhalterhaftung gemäß § 833 BGB auf autonome Systeme hat gezeigt, dass die Definition des Tierbegriffs als „schmerzempfindliches Lebewesen", die unterschiedliche Gefahrenimmanenz von Tieren und autonomen Systemen und der Sondergesetzstatus der Tierhalterhaftung im BGB eine analoge Anwendung des § 833 BGB auf autonome Systeme ausschließen.[316]

Auch wenn § 833 BGB nicht analog auf autonome Systeme anwendbar ist, bietet er aber nach Meinung des Autors ein gutes Gestaltungsbeispiel, um in einer de lege ferenda zu schaffenden gesetzlichen Regelung für autonome Systeme eine Gefährdungshaftung für B2C-Geschäfte und eine Verschuldenshaftung für B2B-Geschäfte zu realisieren. Eine Unterscheidung von Verbrauchern und Unternehmern ist bereits heute Teil der Produkthaftung, da z. B. gemäß § 1 Abs. 1 Satz 2 ProdHaftG Hersteller für Sachschäden nur bei Beschädigung einer

---

[315] *Horner/Kaulartz*, S. 14.
[316] Kapitel „Autonome Systeme analog der Tierhalterhaftung", S. 55 ff.

anderen Sache (als dem schadensauslösenden Produkt) die gewöhnlich für den privaten Ge- oder Verbrauch bestimmt ist, haften.

Von diesem Gestaltungsvorschlag abweichend, argumentieren *Plöger* et. al. auch für die Möglichkeit einer Weiterentwicklung des Haftpflichtgesetzes, um autonome Systeme einer eigenen Gefährdungshaftung mit konkreten Haftungshöchstgrenzen zu unterwerfen.[317]

Das Haftpflichtgesetz regelt Schäden, die durch Schienenbahnen, Fabriken, den Bergbau, oder durch übertragene Flüssigkeiten, Gase, und Elektrizität entstehen. Schadensereignisse die in diesem Umfeld auftreten, können in kürzester Zeit eine große Zahl Menschen schädigen. Demgegenüber regelt das Produkthaftungsgesetz die Haftung für fehlerhafte Produkte. Beide Gesetze haben eigene, sich grundsätzlich unterscheidende Anwendungsbereiche. Eine Verschiebung autonomer Systeme von der Produkthaftung in den Anwendungsbereich des HaftPflG erscheint nach Ansicht des Autors weder notwendig, noch mit der Dogmatik des Haftpflichtgesetzes vereinbar. Darüber hinaus sieht § 9 HaftPflG einen Haftungshöchstbetrag für Personenschäden von 600.000 Euro pro Person vor, während § 10 ProdHaftG einen Haftungshöchstbetrag für Personenschäden von 85 Millionen Euro pro Produkt vorsieht. Dadurch führt das ProdHaftG bei Produktfehlern mit Personenschäden von weniger als 142

---

[317] *Plöger et. al.*, S. 14.

Geschädigten zu höheren Schadensersatzzahlungen, als das HaftPflG. Aus diesen Gründen lehnt der Autor den Vorschlag von *Plöger* et. al. zur Erweiterung des HaftPflG[318] ab.

---

[318] *Plöger et. al., aaO.*

Fazit

Seit mindestens 4.000 Jahren sind geschriebene Gesetze zur Haftung von Menschen bekannt. Mit der zunehmenden industriellen Revolution des 19. Jahrhunderts, vor allem durch den Ausbau des Eisenbahnverkehrs, erschwerte sich im Schadensfall die Zuweisung haftungsauslösender Kausalität auf die Handlungen einzelner Menschen. Dies führte zur Erweiterung des Haftungskonzepts um das Instrument der Gefährdungshaftung.

Mit der Einführung autonomer Systeme in die Gesellschaft entstehen rechtsdogmatische Herausforderungen, die mit Jenen vergleichbar sind, mit denen sich auch die Juristen der industriellen Revolution des 19. Jahrhunderts konfrontiert sahen.

Autonome Systeme führen immer mehr Aufgaben durch, die bisher Menschen durch Anwendung ihrer menschlichen Intelligenz ausführten. Ohne ein umfassendes Verständnis wie diese Systeme funktionieren und nur mit Menschen als einziger verfügbarer Referenz zur Interpretation ihrer Ergebnisse, ist die Versuchung groß, autonome Systeme und künstliche Intelligenzen zu humanisieren; doch sie sind keine Menschen.

Die Komplexität autonomer Systeme und die Unmöglichkeit ihre Entscheidungen konkret vorherzusagen, lassen in der juristischen Literatur erste Rufe nach neuen gesetzlichen Regelungen auftreten[319]

---

[319] *Siehe Kapitel „Alternative Haftungsansätze", S. 52 ff.; FN 288; Gray, o. S., In einem offenen Brief fordern führende internationale Wissenschaftlicher und Unternehmer umfangreiche Regularien zu Entwicklung und zum Einsatz autonomer Systeme (Roboter) und künstlicher*

oder fordern eine Risikozuweisung dieser neuen Technologien eher zu Lasten des Anwenders, denn des Herstellers.[320]

Dieser Ansatz reduzierter Technologiehaftung spiegelt sich auch in der Stellungnahme des Europäischen Wirtschafts- und Sozialausschusses wieder, der z. B. für die Förderung der wirtschaftlichen Entwicklung ferngesteuerter Fluggeräte (sog. „Drohnen") eine Reduzierung der Haftung gegenüber Dritten fordert[321].

Wie der Verfasser in dieser Arbeit gezeigt hat, stehen solche haftungsreduzierenden Tendenzen im Widerspruch zum Regelungsgedanken von Produkthaftung und Verbraucherschutz und sind daher abzulehnen. Diese Tendenzen sind nach Auffassung des Autors auch kontraproduktiv für die Akzeptanz autonomer Systeme durch die Bevölkerung.

Darüber hinaus hat der Autor auch gezeigt, dass ein Ruf nach neuen Gesetzen überflüssig ist, da die deutsche Rechtsordnung in der Lage ist, die von ihm identifizierten zentralen Haftungsfragen autonomer Systeme zu beantworten.

Allerdings verkennt er auch nicht, dass sich durch den zunehmenden Einsatz dieser Systeme weitere Rechtsfragen ergeben, für deren umfangreiche Untersuchung diese Arbeit jedoch keinen

---

Intelligenzen. (Brief unter: http://futureoflife.org/ai-open-letter).
[320] *Plöger et. al., S. 14; anders: Horner/Kaulartz, S. 12.*
[321] *Simons, o. S., Schlussfolgerungen und Empfehlungen, Nr. 1.4.*

Raum bietet. Hierzu gehören beispielsweise: Verantwortungsverteilung in Open Source Projekten (Produktveränderung durch „Jedermann"), Versicherbarkeit und Versicherungspflicht autonomer Systeme oder z. B. die Frage, was sind die zugesicherte Produkteigenschaften beim Kauf von sich unvorhersehbar selbstständig verändernden Produkten?

Die Untersuchungsergebnisse, die der Autor in dieser Arbeit erarbeitet hat und die von ihm hieraus abgeleiteten umfangreichen Verkehrssicherungs- und Überwachungspflichten für Hersteller autonomer Systeme, sollen keinesfalls den Eindruck erzeugen, dass der Verfasser autonomen Systemen und künstlichen Intelligenzen grundsätzlich ablehnend gegenübersteht.

Das Gegenteil ist der Fall! Vielmehr ist er der Meinung, dass der mögliche Einfluss der künstlichen Intelligenz auf die Entwicklung der Menschheit mindestens so groß sein kann, wie die Erfindung des Rades vor über 5.000 Jahren.

Die ungewollten Konsequenzen dieser Entwicklung finden jedoch nicht nur isoliert in Laboren statt, sondern können jederzeit, zumindest mit einer gewissen Wahrscheinlichkeit, unbeteiligte Menschen direkt treffen.

Daher muss das Recht auch weiterhin die Leitplanken der gesellschaftlichen Integration wissenschaftlich-technischer Erkenntnisse bilden.

Abbildungsverzeichnis

Abbildung 1 - Fragmente des Codex Urnammu

Abbildung 2 - Entscheidungsfindung autonomer Systeme
(eigene Darstellung nach *Campell*)

Abbildung 3 – geschätzte Zulassungszahlen selbstfahrender
Fahrzeugen 2015-2020 (*Greenough*/BI Intelligence)

Abbildung 4 – einfache Interaktionskette (eigene Darstellung)

Abbildung 5 - Interaktionskette mit wechselnder Verantwortung
(eigene Darstellung)

Anlagenverzeichnis und Anlagen

Anlage 1 - Übersicht der die Haftung direkt betreffenden BGB Paragrafen

Anlage 2 - Zusätzliche Informationen zu ausgesuchten Quellen

Anlage 3 - Vorhersagen zur Markteinführung autonomer und selbstfahrender Autos

Anlage 1 – Übersicht der die Haftung direkt betreffenden BGB Paragrafen

Abgerufen von URL: http://dejure.org/cgi-bin/suche?Suchenach=haftung+bgb#b1BGB

Abgerufen am: 30. September 2015, 00:53 Uhr

BGB - Bürgerliches Gesetzbuch

Buch 1 - Allgemeiner Teil

§ 31 (Haftung des Vereins für Organe)

§ 31a (Haftung von Organmitgliedern und besonderen Vertretern)

§ 31b (Haftung von Vereinsmitgliedern)

§ 86 (Anwendung des Vereinsrechts)

§ 89 (Haftung für Organe; Insolvenz)

§ 160 (Haftung während der Schwebezeit)

§ 179 (Haftung des Vertreters ohne Vertretungsmacht)

§ 202 (Unzulässigkeit von Vereinbarungen über die Verjährung)

Buch 2 - Recht der Schuldverhältnisse

§ 276 (Verantwortlichkeit des Schuldners)

Anlage 1 – Übersicht der die Haftung direkt betreffenden BGB Paragrafen

§ 277 (Sorgfalt in eigenen Angelegenheiten)

§ 292 (Haftung bei Herausgabepflicht)

§ 309 (Klauselverbote ohne Wertungsmöglichkeit)

§ 444 (Haftungsausschluss)

§ 445 (Haftungsbegrenzung bei öffentlichen Versteigerungen)

§ 457 (Haftung des Wiederverkäufers)

§ 491 (Verbraucherdarlehensvertrag)

§ 521 (Haftung des Schenkers)

§ 523 (Haftung für Rechtsmängel)

§ 524 (Haftung für Sachmängel)

§ 563b (Haftung bei Eintritt oder Fortsetzung)

§ 566 (Kauf bricht nicht Miete)

§ 586 (Vertragstypische Pflichten beim Landpachtvertrag)

§ 599 (Haftung des Verleihers)

§ 619a (Beweislast bei Haftung des Arbeitnehmers)

§ 630h (Beweislast bei Haftung für Behandlungs- und

Anlage 1 – Übersicht der die Haftung direkt betreffenden BGB Paragrafen

Aufklärungsfehler)

§ 639 (Haftungsausschluss)

§ 645 (Verantwortlichkeit des Bestellers)

§ 651h (Zulässige Haftungsbeschränkung)

§ 651k (Sicherstellung, Zahlung)

§ 664 (Unübertragbarkeit; Haftung für Gehilfen)

§ 675u (Haftung des Zahlungsdienstleisters für nicht autorisierte Zahlungsvorgänge)

§ 675v (Haftung des Zahlers bei missbräuchlicher Nutzung eines Zahlungsauthentifizierungsinstruments)

§ 675y (Haftung der Zahlungsdienstleister bei nicht erfolgter oder fehlerhafter Ausführung eines Zahlungsauftrags; Nachforschungspflicht)

§ 675z (Sonstige Ansprüche bei nicht erfolgter oder fehlerhafter Ausführung eines Zahlungsauftrags oder bei einem nicht autorisierten Zahlungsvorgang)

§ 676a (Ausgleichsanspruch)

§ 676c (Haftungsausschluss)

Anlage 1 – Übersicht der die Haftung direkt betreffenden BGB Paragrafen

§ 690 (Haftung bei unentgeltlicher Verwahrung)

§ 701 (Haftung des Gastwirts)

§ 702 (Beschränkung der Haftung; Wertsachen)

§ 702a (Erlass der Haftung)

§ 708 (Haftung der Gesellschafter)

§ 739 (Haftung für Fehlbetrag)

§ 777 (Bürgschaft auf Zeit)

§ 794 (Haftung des Ausstellers)

§ 819 (Verschärfte Haftung bei Kenntnis und bei Gesetzes- oder Sittenverstoß)

§ 820 (Verschärfte Haftung bei ungewissem Erfolgseintritt)

§ 831 (Haftung für den Verrichtungsgehilfen)

§ 832 (Haftung des Aufsichtspflichtigen)

§ 833 (Haftung des Tierhalters)

§ 834 (Haftung des Tieraufsehers)

§ 836 (Haftung des Grundstücksbesitzers)

Anlage 1 – Übersicht der die Haftung direkt betreffenden BGB Paragrafen

§ 837 (Haftung des Gebäudebesitzers)

§ 838 (Haftung des Gebäudeunterhaltungspflichtigen)

§ 839 (Haftung bei Amtspflichtverletzung)

§ 839a (Haftung des gerichtlichen Sachverständigen)

§ 840 (Haftung mehrerer)

§ 848 (Haftung für Zufall bei Entziehung einer Sache)

Buch 3 - Sachenrecht

§ 884 (Wirkung gegenüber Erben)

§ 968 (Umfang der Haftung)

§ 990 (Haftung des Besitzers bei Kenntnis)

§ 991 (Haftung des Besitzmittlers)

§ 992 (Haftung des deliktischen Besitzers)

§ 993 (Haftung des redlichen Besitzers)

§ 994 (Notwendige Verwendungen)

§ 996 (Nützliche Verwendungen)

Anlage 1 – Übersicht der die Haftung direkt betreffenden BGB Paragrafen

§ 1088 (Haftung des Nießbrauchers)

§ 1108 (Persönliche Haftung des Eigentümers)

§ 1118 (Haftung für Nebenforderungen)

§ 1119 (Erweiterung der Haftung für Zinsen)

§ 1121 (Enthaftung durch Veräußerung und Entfernung)

§ 1122 (Enthaftung ohne Veräußerung)

§ 1123 (Erstreckung auf Miet- oder Pachtforderung)

§ 1124 (Vorausverfügung über Miete oder Pacht)

§ 1127 (Erstreckung auf die Versicherungsforderung)

§ 1129 (Sonstige Schadensversicherung)

§ 1210 (Umfang der Haftung des Pfandes)

§ 1251 (Wirkung des Pfandrechtsübergangs)

Buch 4 - Familienrecht

§ 1437 (Gesamtgutsverbindlichkeiten; persönliche Haftung)

§ 1438 (Haftung des Gesamtguts)

Anlage 1 – Übersicht der die Haftung direkt betreffenden BGB Paragrafen

§ 1439 (Keine Haftung bei Erwerb einer Erbschaft)

§ 1440 (Haftung für Vorbehalts- oder Sondergut)

§ 1441 (Haftung im Innenverhältnis)

§ 1459 (Gesamtgutsverbindlichkeiten; persönliche Haftung)

§ 1460 (Haftung des Gesamtguts)

§ 1461 (Keine Haftung bei Erwerb einer Erbschaft)

§ 1462 (Haftung für Vorbehalts- oder Sondergut)

§ 1463 (Haftung im Innenverhältnis)

§ 1480 (Haftung nach der Teilung gegenüber Dritten)

§ 1481 (Haftung der Ehegatten untereinander)

§ 1489 (Persönliche Haftung für die Gesamtgutsverbindlichkeiten)

§ 1504 (Haftungsausgleich unter Abkömmlingen)

§ 1608 (Haftung des Ehegatten oder Lebenspartners)

§ 1629a (Beschränkung der Minderjährigenhaftung)

§ 1664 (Beschränkte Haftung der Eltern)

§ 1793 (Aufgaben des Vormunds, Haftung des Mündels)

Anlage 1 – Übersicht der die Haftung direkt betreffenden BGB Paragrafen

§ 1833 (Haftung des Vormunds)

Buch 5 - Erbrecht

§ 1975 (Nachlassverwaltung; Nachlassinsolvenz)

§ 1985 (Pflichten und Haftung des Nachlassverwalters)

§ 1989 (Erschöpfungseinrede des Erben)

§ 2000 (Unwirksamkeit der Fristbestimmung)

§ 2005 (Unbeschränkte Haftung des Erben bei Unrichtigkeit des Inventars)

§ 2007 (Haftung bei mehreren Erbteilen)

§ 2012 (Keine Inventarfrist für den Nachlasspfleger und Nachlassverwalter)

§ 2013 (Folgen der unbeschränkten Haftung des Erben)

§ 2023 (Haftung bei Rechtshängigkeit, Nutzungen und Verwendungen)

§ 2024 (Haftung bei Kenntnis)

§ 2025 (Haftung bei unerlaubter Handlung)

Anlage 1 – Übersicht der die Haftung direkt betreffenden BGB Paragrafen

§ 2029 (Haftung bei Einzelansprüchen des Erben)

§ 2036 (Haftung des Erbteilkäufers)

§ 2058 (Gesamtschuldnerische Haftung)

§ 2059 (Haftung bis zur Teilung)

§ 2060 (Haftung nach der Teilung)

§ 2063 (Errichtung eines Inventars, Haftungsbeschränkung)

§ 2132 (Keine Haftung für gewöhnliche Abnutzung)

§ 2134 (Eigennützige Verwendung)

§ 2144 (Haftung des Nacherben für Nachlassverbindlichkeiten)

§ 2145 (Haftung des Vorerben für Nachlassverbindlichkeiten)

§ 2182 (Haftung für Rechtsmängel)

§ 2183 (Haftung für Sachmängel)

§ 2187 (Haftung des Hauptvermächtnisnehmers)

§ 2188 (Kürzung der Beschwerungen)

§ 2189 (Anordnung eines Vorrangs)

§ 2206 (Eingehung von Verbindlichkeiten)

Anlage 1 – Übersicht der die Haftung direkt betreffenden BGB Paragrafen

§ 2219 (Haftung des Testamentsvollstreckers)

§ 2376 (Haftung des Verkäufers)

§ 2382 (Haftung des Käufers gegenüber Nachlassgläubigern)

§ 2383 (Umfang der Haftung des Käufers)

Anlage 2 – Zusätzliche Informationen zu ausgesuchten Quellen

Literatur-Quelle:	Distinctive Voices @ The Beckman Center
Veranstalter:	National Academy of Sciences, National Academy of Engineering und Institute of Medicine
Veranstalter-Sitz:	USA
Veranstaltungsart:	Expertenvortrag
Veranstaltungsort:	The Beckham Center der National Academy of Sciences
Veröffentlichung:	Distinctive Voices Kanal der National Academy of Sciences auf der Videoplattform Youtube
Autor:	*Campell*, Mark

- S.C. Thomas Sze Director of the Sibley School of Mechanical and Aerospace Engineering
- John A. Mellowes Professor of Mechanical Engineering
- Cornell University, Ithaca, N.Y., USA

Zusätzliche biografische Informationen befinden sich auf der Homepage von Prof. Campell bei der Cornell University unter: http://www.mae.cornell.edu/people/profile.cfm?netid=mc288.

Anlage 2 – Zusätzliche Informationen zu ausgesuchten Quellen

Titel: Intelligent Autonomous Systems

Im Text als: [*Campell* ...]

Grund der Verwendung dieser Quelle:

Im Rahmen dieses Vortrags hat Prof. Campell bestimmte Aspekte über intelligente autonome Systeme in einer vereinfachten Weise dargestellt.

Diese vereinfachte Darstellung konnte der Verfasser nicht in anderen Veröffentlichungen von Prof. Campell finden, die zumeist von komplexen ingenieurwissenschaftlichen Fragestellungen geprägt sind.

Da die hier verwendeten Informationen von einem ausgewiesenen wissenschaftlichen Experten des Fachs im Rahmen einer etablierten wissenschaftlichen Veranstaltung veröffentlicht wurden und nur die technischen Aspekte autonomer Systeme betreffen (und nicht die rechtlichen), hat der Verfasser dieser Arbeit keine Bedenken hinsichtlich der Nutzung dieser Informationen innerhalb dieser Arbeit.

Anlage 2 – Zusätzliche Informationen zu ausgesuchten Quellen

Literatur-Quelle: CodeX Speaker Series

Veranstalter: Stanford University, Center for Legal Informatics

Veranstalter-Sitz: USA

Veranstaltungsart: Expertenvortrag

Veranstaltungsort: Stanford Law School

Datum: 19. Februar 2015

Veröffentlichung: Kanal der Stanford Law School auf der Videoplattform YouTube

Autor: *Kaplan*, Jerry
- Fellow der Stanford Law School
- Dozent für Philosophie, Ethik und dem Einfluss der künstlichen Intelligenz auf die Gesellschaft, im Fachbereich Computerwissenschaften der Universität Stanford.
- Amerikanischer Unternehmer, und Investor; u. a. Mitbegründer der GO Corporation.
- Doktor in Computerwissenschaften mit Schwerpunkt in künstlicher Intelligenz; Bachelor in Wissenschaftsgeschichte.

Anlage 2 – Zusätzliche Informationen zu ausgesuchten Quellen

Zusätzliche biografische Informationen befinden sich auf der Homepage von Jerry Kaplan bei der Stanford University unter: https://law.stanford.edu/directory/138050-2/.

Titel: The Law of Artificial Intelligence

Im Text als: [Kaplan (J) …]

Grund der Verwendung dieser Quelle:
Im Rahmen dieses Vortrags hat Dr. Kaplan bestimmte Aspekte über die Anwendung autonomer Software Agenten bei der Kreditkartenantragsprüfung und Kreditkartenzahlungsprüfung getätigt. Diese konkreten Anwendungsbeispiele konnte der Verfasser nicht in anderen Veröffentlichungen von Dr. Kaplan finden.

Da die hier verwendeten Informationen von einem ausgewiesenen wissenschaftlichen Experten des Fachs im Rahmen einer etablierten wissenschaftlichen Veranstaltung veröffentlicht wurden und nur die technischen Aspekte autonomer Systeme betreffen (und nicht die rechtlichen), hat der Verfasser dieser Arbeit keine Bedenken hinsichtlich der Nutzung dieser Informationen innerhalb dieser Arbeit.

Anlage 3 – Aussagen zur Markteinführung autonomer Fahrzeuge

Quelle: Driverless car market watch

Abgerufen von URL: http://www.driverless-future.com/?page_id=384

Abgerufen am: 5. Dezember 2015, 10:41 Uhr

Abruf der „Quellenlinks" am: 5. Dezember 2015, 11:00 Uhr

Die nachfolgende Übersicht zeigt die aktuellen Voraussagen der führenden Protagonisten für die Einführung autonomer, selbstfahrender Automobile (Hersteller, Forscher, Industrie- und Branchenvereinigungen) und den jeweiligen Quellenlink der Aussage.

First autonomous Toyota to be available in 2020

Toyota is starting to overcome its long-standing reluctance with respect to autonomous driving: It plans to bring the first models capable of autonomous highway driving to the market by 2020. (Source: Wired.com, 2010-10-08).

Quellenlink: http://www.wired.co.uk/news/archive/2015-10/08/toyota-highway-teammate-driverless-car-tokyo

Elon Musk now expects first fully autonomous Tesla by 2018, approved by 2021

In an interview by Danish newspaper Borsen, Tesla's founder Elon Musk accelerates his timeline for the introduction of fully autonomous Teslas by 2 years (!) compared to his estimate less than

Anlage 3 – Aussagen zur Markteinführung autonomer Fahrzeuge

a year ago (October 2014). He now expects fully autonomous Teslas to be ready by 2018 but notes that regulatory approval may take 1 to 3 more years thereafter. (Source: Borsen Interview on Youtube, timeline: 8:06-8:29, recorded on 2015-9-23).

Quellenlink:

https://www.youtube.com/watch?v=ktyMmzZ6WeM

Driverless cars will be in use all over the world by 2025

US Secretary of Transportation stated at the 2015 IAA that he expects driverless cars to be in use all over the world within the next 10 years. (Source: FAZ, 2015-09-19).

Quellenlink:

http://www.faz.net/aktuell/wirtschaft/unternehmen/verkehrsminister-foxx-selbstfahrende-autos-in-10-jahren-standard-13811022.html

Uber fleet to be driverless by 2030

Uber CEO, Travis Kalanick, has indicated in a tweet that he expects by 2030 Uber's fleet to be driverless. The service will then be so inexpensive and ubiquitous that car ownership will be obsolete. (Source: Mobility Lab, 2015-08-18).

Quellenlink: http://mobilitylab.org/2015/08/18/ubers-plan-for-self-driving-cars-bigger-than-its-taxi-disruption/

Ford CEO expects fully autonomous cars by 2020

In an interview with Forbes, Mark Fields, CEO of Ford estimated that fully autonomous vehicles would be available on the market

Anlage 3 – Aussagen zur Markteinführung autonomer Fahrzeuge

within 5 years. But he was reluctant to claim that Ford would have an autonomous vehicle on the market by then. (Source: Forbes, 2015-02-09).

Quellenlink:

http://www.forbes.com/sites/jeanbaptiste/2015/02/05/exclusive-interview-ford-ceo-expects-fully-autonomous-cars-in-5-years/

Next generation Audi A8 capable of fully autonomous driving in 2017

Stefan Moser, Head of Product and Technology Communications at Audi has announced that the next generation of their A8 limousine will be able to drive itself with full autonomy. (Source: motoring.com.au, 2014-10-22).

Quellenlink: http://www.motoring.com.au/news/2014/prestige-and-luxury/audi/a8/next-gen-audi-a8-drives-better-than-you-46963

Tesla CEO expects true autonomous driving by 2023

Elon Musk, CEO of Tesla estimates that "five or six years from now we will be able to achieve true autonomous driving where you could literally get in the car, go to sleep and wake up at your destination". He then added another 2 to 3 years for regulatory approval. (Source: Huffington Post, 2014-10-15).

Quellenlink: http://www.huffingtonpost.com/2014/10/15/tesla-driverless-cars_n_5990136.html

Anlage 3 – Aussagen zur Markteinführung autonomer Fahrzeuge

Jaguar and Land-Rover to provide fully autonomous cars by 2024

At the 2014 Paris Motor Show Dr. Wolfgang Epple, Jaguar and Land Rover's Director of Research and Technology said that about fully autonomous driving: "For Jaguar and Land Rover it will happen within the next 10 years". (Source: Drive.com.au, 2014-10-03).

Quellenlink: http://www.drive.com.au/motor-news/jaguar-joins-the-race-to-driverless-cars-20141003-10ply7.html

Fully autonomous vehicles could be ready by 2025, predicts Daimler chairman

Dieter Zetsche, chairman of Daimler, predicts that fully autonomous vehicles which can drive without human intervention and might not even have a steering wheel could be available on the market by 2025. (Source: The Detroit News, 2014-01-13).

Quellenlink:
http://www.detroitnews.com/article/20140113/AUTO04/301130112/Daimler-chief-Fully-autonomous-vehicles-could-ready-by-2025

Nissan to provide fully autonomous vehicles by 2020

Andy Palmer, the Executive Vice President of California-based Nissan Motors Ltd., has announced that Nissan will make fully autonomous vehicles available to the consumer by 2020. These cars will be able to drive in urban traffic. In contrast to Google's cars, Palmer claimed that they will not need detailed 3D maps for local navigation. (Source: Nissan, 2013-08-27).

Anlage 3 – Aussagen zur Markteinführung autonomer Fahrzeuge

Quellenlink: http://nissannews.com/en-US/nissan/usa/releases/nissan-announces-unprecedented-autonomous-drive-benchmarks#%21

Truly autonomous cars to populate roads by 2028-2032 estimates insurance think tank

At a meeting of the Society of Automotive Engineers, Robert Hartwig, President of the Insurance Information Institute estimated that it will take between 15 and 20 years until truly autonomous vehicles populate US roads. (Source:TheDetroitNews, 20130214).

Quellenlink:
http://www.detroitnews.com/article/20130214/AUTO03/302140349

Driverless cars coming to showrooms by 2020 says Nissan's CEO

During this years' CES, Carlos Ghosn, CEO of Nissan said that driverless cars will be ready for showtime by the end of this decade. (Source: Forbes.com, 2013-1-14).

Quellenlink:
http://www.forbes.com/sites/danbigman/2013/01/14/driverless-cars-coming-to-showrooms-by-2020-says-nissan-ceo-carlos-ghosn/

Continental to make fully autonomous driving a reality by 2025

Automotive supplier Continental has just announced that automated driving is at the core of its long-term strategy. It has

Anlage 3 – Aussagen zur Markteinführung autonomer Fahrzeuge

formed a new business unit for "Advanced driver assistance systems" and plans to make fully autonomous driving available by 2025. (Source: Continental, 2012-12-18).

Quellenlink: http://www.conti-online.com/generator/www/com/en/continental/pressportal/themes/press_releases/1_topics/automated_driving/pr_2012_12_18_automated_driving_en.html

Intel CTO predicts that autonomous car will arrive by 2022

Justin Rattner, CTO of Intel predicts that driverless cars will be available within 10 years. Intel is hoping to equip autonomous smart cars with its Atom and Core processors.
(Source: Computerworld, 2012-10-22).

Quellenklink:
http://www.computerworld.com/s/article/9232722/Autonomous_cars_will_arrive_within_10_years_Intel_CTO_says

Sergey Brin plans to have Google driverless car in the market by 2018

Google's founder Sergey Brin has made it clear that the company plans to have its driverless cars on the market no later than 2018. At the signing ceremony for California's autonomous vehicles law, he outlined Googles path towards commercialization of its driverless cars. Within 2013 Google plans to expand the number and users of their driverless cars to Google employees. Thereafter it will not take

Anlage 3 – Aussagen zur Markteinführung autonomer Fahrzeuge

longer than 5 years to get the cars into the market.

(Source: Driverless car market watch, 2012-10-02)

Quellenlink: http://www.driverless-future.com/?p=323

IEEE predicts up to 75% of vehicles will be autonomous in 2040

Expert members of the Institute of Electrical and Electronics Engineers (IEEE) have determined that driverless vehicles will be the most viable form of intelligent transportation. They estimate that up to 75% of all vehicles will be autonomous by 2040. (Source: IEEE, 2012-09-05)

Quellenlink:
http://www.ieee.org/about/news/2012/5september_2_2012.html

Literaturverzeichnis

Achenbach, Hans

Haftung und Ahndung - Wider die Vertauschung zweier disparater Rechtsfolgemodelle

2012, ZIS Ausgabe 5/2012, Kiel.

Abgerufen von URL: http://www.zis-online.com/dat/artikel/2012_5_663.pdf

Abgerufen am: 4. November 2015, 10:19 Uhr.

Ansell, Darren

Research and development of autonomous 'decision-making' systems in Expert Meeting of the International Committee of the Red Cross on "Autonomous Weapon Systems Technical, Military, Legal and Humanitarian aspects.

2014, ohne Auflage, Genf.

Abgerufen von URL: https://www.icrc.org/en/download/file/1707/4221-002-autonomous-weapons-systems-full-report.pdf

Abgerufen am: 28. November 2015, 13:44 Uhr.

AOS, o. V.

Anwenderbericht von AOS über den Einsatz autonomer Software Agenten bei Statoil

2015, ohne Auflage, Cambridge

Abgerufen von URL: http://aosgrp.com/applications/oil_trading_and_operations.html

Abgerufen am: 8. Dezember 2015, 00:07 Uhr.

Bamberger, Heinz Georg / *Roth*, Herbert

Kommentar zum Bürgerlichen Gesetzbuch Band I

2012, 3. Auflage, München

Bartl, Harald

Dienstleistungen und Recht – Neue Vertragstypen – Internet – 2000

1998, 1. Auflage, Wiesbaden

Beck, Susanne

„Brauchen wir ein Roboterrecht? Ausgewählte juristische Fragen zum Zusammenleben von Menschen und Robotern." in: Japanisch-Deutsches Zentrum (Hrsg.): Mensch-Roboter-Interaktionen aus interkultureller Perspektive., S. 124-146.

2012, ohne Auflage, Berlin.

Abgerufen von URL: http://www.jdzb.de/fileadmin/Redaktion/PDF/veroeffentlichungen/tagungsbaende/D62/11%20p1338%20beck.pdf

Abgerufen am: 8. Januar 2016, 17:49 Uhr.

Belloni, Aline / *Berger*, Alain / *Boissier*, Olivier / *Bonnet*, Grégory / *Bourgne*, Gauvain / *Chardel*, Pierre-Antoine / *Cotton*, Jean-Pierre / *Evreux*, Nicolas / *Ganascia*, Jean-Gabriel / *Jaillon*, Philippe / *Mermet*, Bruno / *Rever*, Gauthier Picard Bernard / *Simon*, Gaële / *de Swarte*, Thibault / *Tessier*, Catherine / *Vexler*, François / *Voyer*, Robert / *Zimmermann*; Antoine

Dealing With Ethical Conflicts In Autonomous Agents And Multi-Agent Systems

2015, ohne Auflage, Palo Alto.

[Im Text als „*Belloni* et. al." bezeichnet.]

Abgerufen von URL: http://www.gregory.bonnet.free.fr/papers/BONNET_AIETHICS15.pdf

Abgerufen am: 15. Dezember 2015, 23:48 Uhr.

Below, Karl Heinz

Die Haftung für Lucrum Cessans im Römischen Recht

Münchener Beiträge zur Papyrusforschung und antiken Rechtsgeschichte, 46. Heft

1964, ohne Auflage, München

Abgerufen von URL: https://books.google.de/books?hl=de&lr=&id=QImypyyUpc4C&oi=fnd&pg=PR1#v=onepage&q&f=false

Abgerufen am: 4. November 2015, 22:43 Uhr.

Bräutigam, Peter / *Klindt*, Thomas
Digitalisierte Wirtschaft / Industrie 4.0
2015, 1. Auflage, Berlin

Britanica, o. V.
Encyclopædia Britannica, Biografieübersicht „Luis de Molina"
ohne Jahr, ohne Auflage, London.
Abgerufen von URL: http://www.britannica.com/biography/Luis-de-Molina
Abgerufen am: 14. Dezember 2015, 09:19 Uhr.

Brox, Hans / *Walker*, Wolf-Dietrich
Allgemeines Schuldrecht
2014, 38. Auflage, München

Bruns, Alexander
Haftungsbeschränkung und Mindesthaftung
2003, ohne Auflage, Tübingen.
Abgerufen von URL: https://books.google.de/books?id=jeis7CdHPUEC&pg=PA1#v=onepage&q&f=false
Abgerufen am: 14. November 2015, 12:15 Uhr.

BWT, o. V.
Bundesamt für Wirtschaft und Technologie
Recht und funktionale Sicherheit in der Autonomik, Leitfaden für Hersteller und Anwender, Band 2
2013, ohne Auflage, Berlin.

Creifelds, Carl
Rechtswörterbuch
2007, 19. Auflage, München

Daimler, o. V.
Daimler AG, Pressemitteilung „Weltpremiere auf der A8: Daimler Trucks testet ersten autonom fahrenden Serien-Lkw auf öffentlichen Straßen"
2015, ohne Auflage, Stuttgart

Abgerufen von URL: http://media.daimler.com/dcmedia/0-921-614341-49-1852849-1-0-1-0-0-1-12639-1549054-0-1-0-0-0-0-0.html?TS=1449013750634

Abgerufen am: 2. Dezember 2015, 00:53 Uhr.

Deutsch, Erwin
Haftungsrecht
1. Band, Allgemeine Lehren
1975, ohne Auflage. Göttigen.

Duden, o. V.
Duden Online, Bedeutung: Haftung, Verantwortung, Haftpflicht
ohne Jahr, ohne Auflage, Berlin

Abgerufen von URL: http://www.duden.de/rechtschreibung/Haftung_Verantwortung_Haftpflicht

Abgerufen am: 4. November 2015, 22:39 Uhr.

Duhaime, Lloyd
Duhaime's Timetable of World Legal History
2014, ohne Auflage, Toronto/Vancover
Abgerufen von URL: http://www.duhaime.org/LawMuseum/LawArticle-44/Duhaimes-Timetable-of-World-Legal-History.aspx
Abgerufen am: 5. November 2015, 11:04 Uhr.

DWFWB, o. V.
Deutsches Wörterbuch, Fremdwörterbuch
1984, 1. Auflage, Vaduz

Esser, Josef
„Die Zweispurigkeit unseres Haftpflichtrechts"
in JZ 8. Jahrgang, Nr. 5 (5. März 1953), S. 129-134.
1953, ohne Auflage, Tübingen

Fikentscher, Wolfgang / *Heinemann*, Andreas
Schuldrecht
2006, 10. Auflage, Berlin.

Fingar, Peter

Agent Oriented BPM (aoBPM) - and a Confession.

2012, ohne Auflage, Boston.

Abgerufen von URL: http://www.bptrends.com/publicationfiles/12-04-2012-COL-ExtComp-AgentOrientedBPM-Fingar%20%28G1Rh8QLYTgaCAayM_p8OGw%29.pdf

Abgerufen am: 7. Dezember 2015, 22:58 Uhr.

Finkelstein, J.

"The Laws of Ur-Nammu" In Journal of Cuneiform Studies, Vol. 22, No. 3/4 (1968/1969), pp. 66-82.

1969, ohne Auflage, Boston

Abgerufen von URL: http://www.jstor.org/stable/1359121?seq=1#page_scan_tab_contents

Abgerufen am: 5. November 2015, 10:26 Uhr.

Gehrke, Jan D.

Relevanzbasierte Informationsbeschaffung für die informierte Entscheidungsfindung intelligenter Agenten (Dissertation)

2011, ohne Auflage, Bremen

Abgerufen von URL: http://elib.suub.uni-bremen.de/edocs/00102274-1.pdf

Abgerufen am: 1. Dezember 2015

Gildeggen, Rainer / *Lorinser*, Barbara / *Willburger*, Andreas / *Brönneke*, Tobias / *Eisenberg*, Claudius / *Harriehausen*, Simone / *Jautz*, Ulrich / *Reuthal*, Klaus-Peter / *Schmitt*, Ralf / *Schweizer*, Kerstin / *Tavakoli*, Anusch / *Thäle*, Brigitte / *Tybussek*, Barbara / *Lehr*, Matthias

Wirtschaftsprivatrecht – Kompaktwissen für Betriebswirte

2013, 2. Auflage, München.

[Im Text als „*Gildeggen et.al.*" bezeichnet.]

Abgerufen von URL: https://books.google.de/books?id=HEfpBQAAQBAJ&pg=PA1#v=onepage&q&f=false

Abgerufen am: 5. November 2015, 00:40 Uhr.

Götting, o. V.

Götting KG, Fahrerloser LKW in einer Molkerei

2012, ohne Auflage, Lehrte

Abgerufen von URL: http://www.goetting.de/news/2012/molkerei

Abgerufen am: 2. Dezember 2015, 15:08 Uhr.

Google (A), o. V.

Google Self-Driving Car Project, Informationen zum selbstfahrenden Google Automobil.

ohne Jahr, ohne Autor, Mountain View

Abgerufen von URL: https://www.google.com/selfdrivingcar/faq/

Abgerufen am: 2. Dezember 2015, 00:25 Uhr.

Google (B), o. V.
Google Self-Driving Car Project, Monthly Report, May 2015
2015, ohne Auflage, Mountain View

Abgerufen von URL: https://static.googleusercontent.com/media/www.google.com/de//selfdrivingcar/files/reports/report-0515.pdf

Abgerufen am: 3. Dezember 2015, 23:30 Uhr.

Gray, Richard
"Artificial Intelligence is as dangerous as NUCLEAR WEAPONS': AI pioneer warns smart computers could doom mankind" in Mail Online
2015, ohne Auflage, London.

Abgerufen von URL: http://www.dailymail.co.uk/sciencetech/article-3165356/Artificial-Intelligence-dangerous-NUCLEAR-WEAPONS-AI-pioneer-warns-smart-computers-doom-mankind.html

Abgerufen am: 4. Februar 2016, 15:31 Uhr.

Greenough, John
"THE SELF-DRIVING CAR REPORT" in BusinessInsider.com
2015, ohne Auflage, New York.

Abgerufen von URL: http://www.businessinsider.com/report-10-million-self-driving-cars-will-be-on-the-road-by-2020-2015-5-6?IR=T

Abgerufen am: 5. Dezember 2015, 11:21 Uhr.

Gruber, Malte-Christian

„Zumutung und Zumutbarkeit von Verantwortung in Mensch-Maschine-Assoziationen" in *Hilgendorf*, Erich / *Günther*, Jan-Philipp (Hrsg.) Robotik und Gesetzgebung, Band 2, S. 123 ff.

2013, 1. Auflage, Baden-Baden.

Abgerufen von URL: https://www.jura.uni-frankfurt.de/44269259/Gruber_MMA_121126.pdf#Mensch_Maschine

Abgerufen am: 8. Januar 2016, 18:41 Uhr.

Gruber, Malte-Christian / *Bung*, Jochen / *Ziemann*, Sascha

Autonome Automaten-Künstliche Körper und artfizielle Agenten in der technisierten Gesellschaft

2015, 1. Auflage, Berlin

Abgerufen von URL: https://books.google.de/books?hl=de&lr=&id=t8_DCQAAQBAJ&oi=fnd&pg=PA1#v=onepage&q&f=false

Abgerufen am: 14. Januar 2016, 23:20 Uhr.

Gutenberg, o. V.

Project Gutenberg, Biografieübersicht „Tom Mitchell"

ohne Jahr, ohne Autor, Honolulu

Abgerufen von URL: http://www.gutenberg.us/articles/tom_mitchell

Abgerufen am: 28. November 2015, 16:53 Uhr.

HHLA, o. V.

Hamburger Hafen und Lagerhaus AG, Paying a visit to Terex Port Solutions

2015, ohne Auflage, Hamburg

Abgerufen von URL: https://hhla.de/en/container/cta/paying-a-visit-to-gottwald-port-technology.html

Abgerufen am: 2. Dezember 2015, 15:30 Uhr.

Holland, Thomas A. / *Urban*, Thomas G.

Studies in Ancient Oriental Civilization, No. 46, Aspects of bureaucracy in the ancient near east

1991, 2. Auflage, Chicago

Abgerufen von URL: http://oi.uchicago.edu/sites/oi.uchicago.edu/files/uploads/shared/docs/saoc46.pdf

Abgerufen am: 5. November 2015, 19:11 Uhr.

Honsell, Heinrich

Römisches Recht

2015, 8. Auflage, Berlin

Abgerufen von URL: https://books.google.de/books?hl=de&lr=&id=mCZACQAAQBAJ&oi=fnd&pg=PR1#v=onepage&q&f=false

Abgerufen am: 4. November 2015, 01:13 Uhr.

Horner, Susanne / *Kaulartz*, Markus
„Haftung 4.0 – Verschiebung des Sorgfaltsmaßstabs bei Herstellung und Nutzung autonomer Systeme" in CR 1/2016, S. 7-14.
2016, ohne Auflage, Köln

ISO, o. V.
International Organization for Standardization, ISO Norm 8373.
2012, ohne Auflage, Genf
Abgerufen von URL: http://www.iso.org/iso/home/store/catalogue_ics/catalogue_detail_ics.htm?csnumber=55890
Abgerufen am: 8. Januar 2016, 15:19 Uhr.

Jansen, Nils
Die Struktur des Haftungsrechts
2003, ohne Auflage, Tübingen
[Im Text als „*Jansen*" bezeichnet.]

Jansen, Nils
Europäisches Privatrecht und europäische Identität. Zwölf Thesen zur Vereinheitlichung des europäischen Privatrecht.
2004, Vortrag vor der Rechts- und Staatswissenschaftlichen Vereinigung, Düsseldorf.
[Im Text als „*Jansen (EPR)*" bezeichnet.]
Abgerufen von URL: http://dup.oa.hhu.de/112/1/Jansen.pdf
Abgerufen am: 14. November 2015, 14:29 Uhr.

Jauernig, Othmar
Bürgerliches Gesetzbuch Kommentar
2009, 13. Auflage, München

Jhering, Rudolf
Das Schuldmoment im Römischen Privatrecht, Festschrift für Johan Michael Franz Birnbaum
1867, ohne Auflage, Giessen
Abgerufen von URL: http://babel.hathitrust.org/cgi/pt?id=hvd.32044097741870;view=1up;seq=10
Abgerufen am: 4. November 2015, 19:29 Uhr.

Johnson, David
A Brief History of Justice
2011, ohne Auflage, Chichester
Abgerufen von URL: https://books.google.de/books?id=JceUFiS1OJMC&printsec=frontcover&hl=de&source=gbs_ge_summary_r&cad=0#v=onepage&q&f=false
Abgerufen am: 4. November 2015, 11:30 Uhr.

Kaplan, Marcia

„Will Robots Take Over Ecommerce Warehouses?" in Praktical Ecommerce.com

2015, ohne Auflage, Traverse City.

[Im Text als „*Kaplan* (M)" bezeichnet.]

Abgerufen von URL: http://www.practicalecommerce.com/articles/92213-Will-Robots-Take-Over-Ecommerce-Warehouses

Abgerufen am: 5. Dezember 2015, 11:55 Uhr.

Kamboj, Balwant

Application of Autonomous Software Agents for Internet Security

2005, ohne Auflage, Raleigh.

Abgerufen von URL: http://www4.ncsu.edu/~kksivara/sfwr4c03/projects/4c03projects/BRKamboj-Project.pdf

Abgerufen am: 7. Dezember 2015, 23:36 Uhr.

King, L. W.

The Code of Hammurabi

2008, ohne Auflage, Yale

Abgerufen von URL: http://avalon.law.yale.edu/ancient/hamframe.asp

Abgerufen am: 4. November 2015, 01:35 Uhr.

Kirchner, Hildebert

Abkürzungsverzeichnis der Rechtssprache

2015, 8. Auflage, Berlin

Kirn, Stefan / *Müller-Hengstenberg*, Claus D.
Intelligente (Software-)Agenten: Eine neue Herausforderung für die Gesellschaft und unser Rechtssystem?
2014, ohne Auflage, Hohenheim.

Abgerufen von URL: https://www.econstor.eu/dspace/bitstream/10419/90157/1/776073257.pdf

Abgerufen am: 7. Dezember 2015, 10:10 Uhr.

Klunzinger, Eugen
Einführung in das bürgerliche Recht
2013, 16. Auflage, München

Abgerufen von URL: https://books.google.de/books?hl=de&lr=&id=ub4isZQ-ad8C&oi=fnd&pg=PR1#v=onepage&q&f=false

Abgerufen am: 14. Januar 2016, 09:12 Uhr.

Kramer, S. N.
The Ur-Nammu Law Code: Who Was Its Author?
Orientalia, NOVA SERIES.
1983, Vol. 52, Nr. 4, pp. 453-456, Rom.

Kraft, Ioana, Ruxandra

Der Angleichungsstand der EG-Produkthaftung, Dissertation.

2004, ohne Auflage, Berlin

Abgerufen von URL: http://www.jurawelt.com/sunrise/media/mediafiles/13781/tenea_jurawelttbd64_kraft.pdf

Abgerufen am: 29. Dezember 2015, 00:05 Uhr.

Koch, Bernhard A.

Die Sachhaftung: Beiträge zu einer Neuabgrenzung der sogenannten Gefährungshaftung im System des Haftungsrechts

1992, ohne Auflage, Berlin

Kunkel, Wolfgang / *Jörs*, Paul

Römisches Recht

Enzyklopädie der Rechts- und Staatswissenschaften, Abteilung Rechtswissenschaften II, III

1949, 3. Auflage, Berlin

Abgerufen von URL: https://books.google.de/books?hl=de&lr=&id=LcV_BwAAQBAJ&oi=fnd&pg=PA1#v=onepage&q&f=false

Abgerufen am: 4. November 2015, 00:05 Uhr.

Kurz, Constanze

„Interview zu autonomen Shuttle-Bussen: Kein Lenkrad, kein Brems- und kein Gaspedal" veröffentlicht auf dem Internet Nachrichtenportal Netzpolitik.org

2015, o. S. Berlin

Abgerufen von URL: https://netzpolitik.org/2015/interview-zu-autonomen-shuttle-bussen-kein-lenkrad-kein-brems-und-kein-gaspedal/

Abgerufen am: 3. Dezember 2015, 00:31 Uhr.

Lahusen, Benjamin

„Alles Recht geht vom Volksgeist aus" in Zeit Online vom 20. Oktober 2011, 08:00 Uhr.

2011, ohne Auflage, Hamburg

Abgerufen von URL: http://www.zeit.de/2011/43/Savigny

Abgerufen am: 16. Januar 2016, 18:27 Uhr.

Larenz, Karl

Lehrbuch des Schuldrechts, Band I, Allgemeiner Teil

1987, 14. Auflage, München

Larenz, Karl / *Canaris*, Claus Wilhelm

Lehrbuch des Schuldrechts, Band II, Besonderer Teil, 2. Halbband

1994, 13. Auflage, München

Looschelders, Dirk
Schuldrecht
2015, 10. Auflage, München.

Lorenz, Egon
Karlsruher Forum 2008: Beweislast, Zeitschrift für
Versicherungsrecht Band 42
2008, ohne Auflage, Karlsruhe
[Im Text als „*Lorenz (E)*" bezeichnet.]
Abgerufen von URL: https://books.google.de/books?id=zrmjAw
                     AAQBAJ&pg=PA1#v=onepage&q&f=false
Abgerufen am: 18. November 2015, 18:55 Uhr.

Lorenz, Tobias
Produkthaftung
2014, ohne Auflage, München
[Im Text als „*Lorenz (T)*" bezeichnet.]

Markoff, John
„An advance in A.I. rivals human vision abilitites" in International
New York Times, 12.-13. Dezember 2015, S. 13
2015, ohne Auflage, New York

Massiv, o. V.
Massiv Software, About Massive
2016, ohne Auflage, Wellington
Abgerufen von URL: http://www.massivesoftware.com/about.html
Abgerufen am: 8. Dezember 2015, 00:42 Uhr.

Maurer, Markus / *Gerdes*, J. Christian / *Lenz*, Barbara / *Winner*, Hermann
Autonomes Fahren – technische, rechtliche und gesellschaftliche Aspekte
[Im Text als „*Maurer* et. al." bezeichnet.]
2015, ohne Auflage, Berlin

Maurer, Thomas
Prädiktionsunsicherheiten in der zeitlichen Eingriffsentscheidung
für automatische Notbrems- und Ausweichsysteme (Dissertation).
[Im Text als „*Maurer* (T)" bezeichnet.]
2013, 1. Auflage, Stuttgart.
Abgerufen von URL: http://duepublico.uni-duisburg-
                     essen.de/servlets/DerivateServlet/Derivate-
                     32928/Maurer_Thomas_Diss.pdf
Abgerufen am: 20. Dezember 2015

McCarthy, Natasha
Autonomous Systems: Social, Legal and Ethical Issues
2009, ohne Auflage, London

Medicus, Dieter / *Lorenz*, Stephan
Schuldrecht I Allgemeiner Teil
2012, 20. Auflage, München

Mitchel, Tom M.
Machine Lerning
1997, ohne Auflage, New York

Müller, Melinda Florina
Roboter und Recht in Aktuelle Juristische Praxis (AJP)/Pratique Juridique Actuelle (PJA). S. 595 – 608
2014, Ausgabe 5, St. Gallen.
Abgerufen von URL: http://www.robotics.tu-berlin.de/fileadmin/fg170/Publikationen_pdf/01_Aufsatz_MelindaMueller.pdf
Abgerufen am: 8. Januar 2015, 15:03 Uhr.

Palandt, Otto
Beck'sche Kurz-Kommentare - Bürgerliches Gesetzbuch
2009, 68. Auflage, Osnabrück

Plöger, Iris / *Willems*, Heiko / *Bräutigam*, Peter / *Klindt*, Thomas
Industrie 4.0 – Rechtliche Herausforderungen der Digitalisierung"
Bundesverband der Deutschen Industrie, Noerr LLP
2015, ohne Auflage, Stanford
[Im Text als „*Plöger* et. al." bezeichnet.]
Abgerufen von URL: http://www.researchgate.net/publication/236403503_Rational_interaction_cooperation_among_intelligent_agents
Abgerufen am: 7. Dezember 2015, 10:06 Uhr.

Prütting, Hanns / *Wegen*, Gerhard / *Weinreich*, Gerd
BGB Kommentar
2013, 8. Auflage, München.

Reihlen, Markus
„Die Heterarchie als postbürokratisches Organisationsmodell der Zukunft?" in Arbeitsberichte des Seminars für Allgemeine Betriebswirtschaftslehre, Betriebswirtschaftliche Planung und Logistik der Universität zu Köln
1998, ohne Auflage, Köln.
Abgerufen von URL: http://www.econbiz.de/archiv/k/uk/splanung/heterarchie_organisationsmodell.pdf
Abgerufen am: 2. Dezember 2015, 14:28 Uhr.

Rethink Robotics, o. V.
Rethink Robotics Inc., Pressemitteilung „Major Aircraft Manufacturer Integrates Collaborative Robotics"
2014, ohne Auflage, Boston
Abgerufen von URL: http://www.rethinkrobotics.com/news-item/major-aircraft-manufacturer-integrates-collaborative-robotics/
Abgerufen am: 2. Dezember 2015, 23:30 Uhr.

Roberto, Vito

„Verschuldenshaftung und einfache Kausalhaftung: eine überholte Unterscheidung?" in Aktuelle Juristische Praxis (AJP)/Pratique Juridique Actuelle (PJA). S. 1323-1329

2005, Ausgabe 11, St. Gallen.

Abgerufen von URL: https://www.google.de/url?sa=t&rct=j&q=&esrc=s&source=web&cd=1&ved=0CB0QFjAAahUKEwizuI3QzODIAhUEXRQKHe_1C8E&url=https%3A%2F%2Fwww.alexandria.unisg.ch%2Fexport%2FDL%2F210050.pdf&usg=AFQjCNEpK4up00gpwu5X1fM1US6q7P-fig&cad=rja

Abgerufen am: 4. November 2015, 17:53 Uhr.

Rosenschein, Jeffrey Solomon

Dissertation "Rational Interaction: Cooperation among intelligent Agents"

1985, ohne Auflage, Stanford

[Im Text als „*Rosenschein* (A)" bezeichnet.]

Abgerufen von URL: http://www.researchgate.net/publication/236403503_Rational_interaction_cooperation_among_intelligent_agents

Abgerufen am: 7. Dezember 2015, 10:06 Uhr.

Rosenschein, Jeffrey Solomon
Selbstbeschreibung auf "Lehrenden-Homepage" der Hebrew University of Jerusalem
2015, ohne Auflage, Jerusalem
[Im Text als „*Rosenschein* (B)" bezeichnet.]
Abgerufen von URL: www.cs.huji.ac.il/~jeff/
Abgerufen am: 7. Dezember 2015, 17:46 Uhr.

Runtel, Christian / *Potinecke*, Harald W.
„Software und GPSG" in CR 10/2004, S. 725-729.
2004, 1. Auflage, Köln

Säcker, Franz Jürgen / *Rixecker*, Roland / *Oetker*, Hartmut / *Limperg*, Bettina
Münchener Kommentar zum Bürgerlichen Gesetzbuch: BGB
2013, 6. Auflage, München.
[Im Text als „*Säcker* et. al." bezeichnet.]

Schellhammer, Kurt
Schuldrecht nach Anspruchsgrundlagen
2014, 9. Auflage, Heidelberg.

Schlesinger, Christian

„Die Deutsche Bahn will bald Züge ohne Lokführer aufs Gleis setzen - noch bevor die Autoindustrie fahrerlose Autos auf die Straße bringt" in Wirtschafts Woche Online

2015, ohne Auflage, Düsseldorf.

    Abgerufen von URL: http://www.wiwo.de/unternehmen/dienstleister/autonom-fahrende-zuege-deutsche-bahn-testet-loks-ohne-fuehrer/12542272.html

    Abgerufen am: 1. Dezember 2015, 00:42 Uhr.

Schmoeckel, Mathias / *Rückert*, Joachim / *Zimmermann*, Reinhard

Historisch kritischer Kommentar zum BGB

2013, ohne Auflage, Tübungen.

Scholz-Reiter, B. / *de Beer*, C. / *Böse*, F. / *Windt*, K.

„Evolution in der Logistik - Selbststeuerung logistischer Prozesse" in 16. Deutscher Materialfluss-Kongress -Intralogistik bewegt- mehr Effizienz, mehr Produktivität., S. 179-190

2007, ohne Auflage, Düsseldorf

[Im Text als „*Scholz-Reiter et.al.*" bezeichnet.]

    Abgerufen von URL: http://www.sfb637.uni-bremen.de/pubdb/repository/SFB637-A5-07-008-IIC.pdf

    Abgerufen am: 2. Dezember 2015, 14:10 Uhr.

Schulze, Reiner / *Dörner*, Heinrich / *Eber*, Ina / *Hoeren*, Thomas / *Kemper*, Rainer / *Saenger*, Ingo / *Schreiber*, Klaus / *Schulte-Nölke*, Hans / *Staudinger*, Ansgar

Nomos Kommentar BGB, Handkommentar

[Im Text als „Schulze et.al." bezeichnet.]

2014, 8. Auflage, Baden-Baden

SGECC, o. V.

Legal Studies Institute an der Universität Osnabrück, Homepage der Study Group on a European Civil Code des European, Informationen zu *von Bar*, Christian

2016, ohne Auflage, Osnabrück

Abgerufen von URL: http://www.sgecc.net/pages/en/home/index.htm

Abgerufen am: 27. November 2015, 00:39 Uhr.

Shaw, Malcom N.

International Law

2008, 6. Auflage, Cambridge.

Abgerufen von URL: http://www.academia.edu/3386070/Malcolm_N._Shaw_-_International_Law_6th_edition_2008

Abgerufen am: 4. November 2015, 23:03 Uhr

Simons, Jan
„Stellungnahme des Europäischen Wirtschafts- und Sozialausschusses zu der Mitteilung der Kommission an das Europäische Parlament und den Rat; Ein neues Zeitalter der Luftfahrt – Öffnung des Luftverkehrsmarktes für eine sichere und nachhaltige zivile Nutzung pilotenferngesteuerter Luftfahrtsysteme"
in Amtsblatt der Europäischen Union C 12/87 (2015/C 012/14) vom 15. Januar 2015
2015, ohne Auflage, Brüssel.

Sohm, Rudolph (Originalautor) / *Ledlie*, James Crawford (Übersetzer)
The Institutes of Roman Law
Diese englische Übersetzung basiert auf der 4. deutschen Auflage
2002, 1. Auflage, New Jersey
Abgerufen von URL: https://books.google.de/books?id=S3sNAwAAQBAJ&printsec=frontcover&hl=de#v=onepage&q&f=false
Abgerufen am: 5. November 2015, 19:26 Uhr.

Spuler, B.
Handbuch der Orientalistik
Erste Abteilung, Ergänzungsband III, Orientalisches Recht
1964, Leiden/Köln

Stein, Sebastian
Emergenz in der Softwareentwicklung - bereits verwirklicht oder Chance?, Diplomarbeit
2004, ohne Auflage, Dresden
Abgerufen von URL: http://emergenz.hpfsc.de/html/index.html
Abgerufen am: 30. Dezember 2015, 11:31 Uhr.

Strenge, Irene
Codex Hammurapi und die Rechtsstellung der Frau
2006, ohne Auflage, Würzburg
Abgerufen von URL: https://books.google.de/books?id=2veO7M
                    TNtxQC&pg=PA100
Abgerufen am: 10. November 2015, 17:58 Uhr.

Tewari, Jyoti / *Arya*, Swati / *Singh*, Prem Narayan
"Approach of Intelligent Software Agents in Future Development" in International Journal of Advanced Research in Computer Science and Software Engineering, Volume 3, Issue 5, 2013.
2013, ohne Auflage, Jaunpur
Abgerufen von URL: http://www.ijarcsse.com/docs/papers/Volu
                    me_3/5_May2013/V3I4-0319.pdf
Abgerufen am: 7. Dezember 2015, 23:40 Uhr.

Wandt, Manfred
Gesetzliche Schuldverhältnisse
2014, 6. Auflage, München.

Welter, Patrick

„Konkurrenz für Google & Co - Die Japan AG setzt auf Roboter-Taxis"
in Frankfurter Allgemeine Zeitung online (faz.net) vom 5. Oktober 2015
2015, ohne Auflage, Frankfurt

Abgerufen von URL: http://www.faz.net/aktuell/wirtschaft/unternehmen/die-japan-ag-setzt-auf-roboter-taxis-13839207.html

Abgerufen am: 3. Dezember 2015, 23:15 Uhr.

Wittmann, Roland

Die Körperverletzung an Freien im klassischen römischen Recht
Münchener Beiträge zur Papyrusforschung und antiken Rechtsgeschichte, 63. Heft
1972, ohne Auflage, München

Abgerufen von URL: https://books.google.de/books?id=HaOfcD2BkuoC&pg=PA1#v=onepage&q&f=false

Abgerufen am: 5. November 2015, 21:47 Uhr.

Wurmnest, Wolfgang

Grundzüge eines europäischen Haftungsrechts
2003, 1. Auflage, Tübingen

Abgerufen von URL: https://books.google.de/books?id=-F-RZ2o0ctMC&pg=PA1#v=onepage&q&f=false

Abgerufen am: 5. November 2015, 10:12 Uhr.

Literatur-Quellen von ungeprüfter wissenschaftlicher Qualität

Wichtiger Hinweis: Zu jeder in diesem Abschnitt aufgeführten Quelle finden sich zusätzliche Informationen in Anlage 2 dieser Arbeit, die die jeweilige wissenschaftliche Qualität der Aussagen dokumentieren.

Autor:	*Campell*, Mark
Bezeichnung:	Distinctive Voices @ The Beckman Center Intelligent Autonomous Systems [Im Text als „Campell mm:ss" bezeichnet, wobei mm und ss die Position der Aussage im Video zum Zeitpunkt „mm" Minuten und „ss" Sekunden angibt.]
Daten-Quelle:	Videoaufzeichnung des Vortrags, veröffentlich im „Distinctive Voices" Videokanal der National AcademSciences auf YouTube.
Abgerufen von URL:	https://www.youtube.com/watch?v=Jimh-YDZNF4
Abgerufen am:	28. November 2015, 13:56 Uhr.

Autor:	*Kaplan*, Jerry
Bezeichnung:	CodeX Speaker Series The Law of Artificial Intelligence [Im Text als „Kaplan (J) mm:ss" bezeichnet, wobei mm und ss die Position der Aussage im Video zum Zeitpunkt „mm" Minuten und „ss" Sekunden angibt.]
Daten-Quelle:	Videoaufzeichnung des Vortrags, veröffentlich im Videokanal der Stanford Law School auf YouTube.
Abgerufen von URL:	https://www.youtube.com/watch?v=MRNSSZlML3w
Abgerufen am:	7. Dezember 2015, 18:19 Uhr.

www.ingramcontent.com/pod-product-compliance
Lightning Source LLC
Chambersburg PA
CBHW070319190526
45169CB00005B/1668